Paula Kinnunen

# Flugangst bewältigen

Paula Kinnunen

# Flugangst bewältigen

Informationen zur Entstehung
und Behandlung
für Betroffene und Therapeuten

Unter Mitarbeit von Ulrich Arendt,
Risto Paajanen, Matti Sorsa
und Risto Suomalainen

Anschrift der Autorin:
Dipl. Psych.
Paula Kinnunen
Urdorferstraße 6
CH-8142 Uitikon Waldegg

Wissenschaftliche Beratung:

Flugkapitän Dr. Ulrich Arendt (Luftfahrttechnik, Flugmedizin)
Flugkapitän Dipl.-Psych. Matti Sorsa (Flugmedizin)
Flugkapitän Dipl.-Psych. Risto Suomalainen

Abbildungen: Flugkapitän Dipl.-Psych. Risto Paajanen

Lektorat: Katja van den Brink

Wissenschaftlicher Beirat der Psychologie Verlags Union:
Prof. Dr. Walter Bungard, Lehrstuhl Psychologie I, Wirtschafts- und
    Organisationspsychologie, Universität Mannheim, Schloß, Ehrenhof
    Ost, 68131 Mannheim
Prof. Dr. Ernst-D. Lantermann, Universität Kassel, GH, FB 3, Psychologie,
    Holländische Straße 56, 34127 Kassel
Prof. Dr. Rainer K. Silbereisen, Friedrich-Schiller-Universität Jena, Institut
    für Psychologie, Lehrstuhl für Entwicklungspsychologie, Am Steiger 3,
    07743 Jena
Prof. Dr. Hans-Ulrich Wittchen, Max-Planck-Institut für Psychiatrie,
    Kraepelinstraße 10, 80804 München

Umschlaggestaltung: Dieter Vollendorf, München
Umschlagseite 1: Photo Finnair Photoarchiv, Helsinki
Druck und Bindung: Druckhaus Beltz, Hemsbach
Herstellung: Jutta Benedum
Printed in Germany
Gedruckt auf säurefreiem Papier

© 1996 Psychologie Verlags Union, Weinheim
ISBN 3-621-27336-0

# INHALTSVERZEICHNIS

## 5 SEMINARE GEGEN DIE FLUGANGST

## ANHANG

# VORWORT

Im Jahr 1978 beendete ich mein Psychologiestudium an der Freien Universität Berlin mit dem Diplomarbeitsthema Flugangst, das damals noch wenig erforscht war. Die Menge an Fachliteratur war gering und verläßliche Daten über die Auftretenshäufigkeit von Flugangst gab es keine.

Eine Ahnung über die Häufigkeit von Flugangst bekam ich, als ich um Versuchspersonen für meine Untersuchung warb. Ich dachte, daß es problematisch werden würde, genügend Menschen aufzuspüren, die sich zu diesem Problem bekennen würden. Jedoch konnte ich zu meiner Überraschung leicht 40 Versuchspersonen finden. Wo auch immer ich über Flugangst sprach, sofort kam jemand, der entweder selbst Angst vor dem Fliegen hatte oder einen anderen mit Flugangst kannte.

Die Durchführung der Untersuchung war sehr erfreulich, u.a. auch deshalb, weil sie auf ein allgemeines Interesse stieß. Heutzutage sind die meisten von uns mindestens einmal geflogen, viele hatten eine Flugerfahrung, die sie noch lange beschäftigte. Einige der Versuchspersonen waren erleichtert, als sie in Ruhe über ihre Angst berichten konnten. Häufig hatten sie die Erfahrung gemacht, daß ihre Mitmenschen das Problem nicht verstanden oder unsachlich reagierten. „Man kommt aber immer runter" ist der allgemeine Trost – und häufig hat man ja gerade davor besondere Angst.

Heute gehört die Flugangst zu den wissenschaftlich gut erforschten Gebieten und über deren Auftretenshäufigkeit liegen uns inzwischen zuverlässige Daten vor.

Viele Fluggesellschaften organisieren daher eigene Flugangstseminare. In den Medien nimmt dieses Thema ebenfalls einen festen Platz ein.

Ich persönlich leite seit meinem fünf Jahre dauernden Aufenthalt in Wien mit Herrn Dr. Robert Wolfger Flugangstseminare der Austrian Airlines.

Im Frühjahr 1992 veranstaltete Finnair ihr erstes Flugangstseminar und seitdem etwa drei- bis viermal jährlich. Diese Seminare werden vom Flugangst-Team der Finnair durchgeführt. Außer mir gehören dieser Gruppe noch zwei Psychologen an, die gleichzeitig auch Flugkapitäne bei Finnair sind: die Herren Matti Sorsa und Risto Paajanen.

Meine praktische Arbeit in den Seminaren hat mich motiviert, ein Buch zu diesem Thema zu schreiben. Ich fand es wichtig, meine Erfahrungen weiterzugeben, da sich diese Methoden der Angstbewältigung schon hundert- und tausendfach bewährt haben.

Die Prinzipien und Ziele, auf denen das Buch aufgebaut ist, sind:

1) Eine intensive Angst führt zu einer Situation, in der die grundlegenden Dinge des Lebens nicht mehr stimmen. Diese Angst beeinträchtigt tägliche Handlungsabläufe und führt zu Vermeidungsverhalten.

2) Die Angst beruht auf fehlendem Wissen, falschen Tatsachen oder falschem Lernen. Aber was der Mensch gelernt hat, kann er auch wieder verlernen.

3) Das Buch zeigt Methoden zur Bekämpfung der Angst.
Man bekommt seine Angst in den Griff, in dem man
- sein Denken ändert,
- sein Verhalten ändert und
- sich neues Wissen aneignet.

Anders als andere Lebewesen hat der Mensch den Vorteil, daß er sich in kürzester Zeit ändern kann. Diese Änderung muß man sich selbst wünschen – gegen den eigenen Willen kann sich keiner ändern. Deshalb muß jeder seine eigenen Entscheidungen treffen, vor allem für diejenigen Situationen im Leben, die weitreichende Auswirkungen haben können.

Eine der wichtigsten Entscheidungen gegen Ängste ist die folgende: Ich will mein Leben ändern, ich will lernen und mich weiterentwickeln. Ich kann meine Angst verlernen – es geht hier ausdrücklich um einen Lernprozeß, mit dessen Hilfe der Handlungsspielraum sofort erweitert wird. Angst ist natürlich und keine Krankheit und deshalb verstehen wir diese Veränderung nicht als einen Behandlungs- oder Genesungsprozeß. Somit ist dieses Buch auch als eine Arbeitsanleitung zu verstehen, die den Einzelnen in der Problembeseitigung begleitet und Mittel zur Angstbewältigung an die Hand gibt.

Die Arbeit muß jedoch jeder für sich selbst übernehmen; ein aktives Lern- und Entwicklungsgeschehen ist immer ein persönlicher und damit sehr lohnender Prozeß.

Aus der langjährigen Erfahrung vieler Flugangstseminare und regelmäßiger Flugreisen mit den daran Teilnehmenden entstand in Finnland mein Buch über Flugangst. Bei ähnlichen, von mir durchgeführten, Flugangstseminaren in

Österreich und Deutschland wurde immer wieder der Wunsch geäußert, dieses in Finnland so erfolgreiche Buch doch ins Deutsche zu übersetzen. Die Übersetzung wurde von mir als Autorin übernommen. Der deutschen Ausgabe liegt die entsprechend aktualisierte finnische als Grundlage vor.

Ein Buch zu schreiben ist zunächst erst einmal Sache des Autors.

Die fertige Arbeit aber ist nicht allein sein Verdienst, sondern kann nur durch die Hilfe anderer realisiert werden.

Besonders herzlich möchte ich mich bei den Herren Matti Sorsa und Risto Paajanen für ihre wertvolle Hilfe bedanken.

In seiner Funktion als Flugkapitän hat mir Matti Sorsa sehr geholfen, da ich meinerseits als Psychologin an das Problem herangegangen bin. Herr Sorsa hat folgende Abschnitte (Teil IV) geschrieben:

Cockpit
Die Arbeit des Piloten
Perspektiven

Außerdem las er das gesamte Manuskript und machte mir viele Korrektur- und Verbesserungsvorschläge.

Genauso tatkräftig unterstützt hat mich Risto Paajanen, der mir dabei half, das endgültige Wesen dieses Buches zu gestalten. Er hat die Bilder gezeichnet und ebenfalls das Manuskript korrigiert.

Ich bedanke mich auch bei Herrn Dr. med. Risto Suomalainen, dessen Ratschläge mir eine große Hilfe bei der Verfassung der medizinischen Abschnitte dieses Buches waren.

Mein Dank gilt außerdem Herrn Direktor Leif Lundström für sein Interesse und seine Unterstützung und Herrn

Flugkapitän Pekka Seikkala, der mir exakte Daten zur Wartung von Flugzeugen zur Verfügung stellte.

Auch Herr Direktor Juha Kinnunen hat mich unterstützt. Sein Verständnis und fachliches Interesse waren mir von Anfang an ebenfalls eine wertvolle Hilfe.

Für die deutsche Bearbeitung erklärte sich freundlicherweise Flugkapitän, Herr Dr. Ulrich Arendt bereit. Er hat keine Mühe gespart und das gesamte Manuskript durchgesehen, korrigiert und viele Punkte erläutert und auch erweitert. Zwei Absätze in diesem Buch stammen von ihm:

Im Kapitel 2 „Die Bedeutung der Passagiersitze für Gesundheit, Sicherheit und Komfort" und im Kapitel 4 „Ein Blick hinter die Kulissen".

Ich bin Herrn Dr. Arendt sehr dankbar, daß er sein vielseitiges flugmedizinisches Wissen und seine praktische Erfahrung zugunsten meines Buches eingesetzt hat.

Herr Thomas Schmitt, Informatikfachmann, hat mich bei der Fertigstellung des Manuskriptes geduldig und freundlich durch den Dschungel der neuesten Computertechnik geführt. Dafür möchte ich mich auch bei ihm herzlich bedanken.

Auch bedanke ich mich bei Austrian Airlines, Finnair, Hamburg Airlines, KLM und Swissair für das Bildmaterial, das sie mir freundlicherweise zur Verfügung gestellt haben.

Besonders aber bedanke ich mich bei den zahlreichen Seminarteilnehmern, deren wertvolle Tips und Anregungen erst dazu geführt haben, daß dieses Buch in seiner jetzigen Form entstehen konnte.

Uitikon Waldegg, im Mai 1996

Paula Kinnunen

# 1 ANGST

Die Fähigkeit, Wohlbefinden und Unbehagen zu fühlen, besitzen alle Menschen gleichermaßen. Diese Gefühle reflektieren unseren inneren Zustand, alles, was psychisch in uns vorgeht. Viele Gefühle entwickeln sich im Laufe des Reifungsprozesses und werden erlernt. Ein Neugeborenes erlebt ganzheitlich Lust oder Unlust. Im Laufe der Entwicklung lernen Kinder schnell zu differenzieren. Die Skala der Gefühle wird vielseitiger. Das Kind lernt Intensität und Ausdrucksformen seiner Emotionen zu steuern.

Beim Lernen dieser emotionalen Erlebnisse spielen das Modellverhalten, die Beurteilungen und Anleitungen der Erwachsenen eine wichtige Rolle, z. B. können Mitglieder verschiedener Kulturen das gleiche Gefühl auf verschiedene Arten ausdrücken (Trauer, Erstaunen).

Alle Gefühle gehen mit körperlichen Veränderungen einher und basieren auch auf physiologischen Vorgängen. Gefühle werden also nicht allein auf der Gedanken- und Handlungsebene erlebt, sondern beeinflussen vielmehr den gesamten Körper. Sind wir begeistert oder erfreut, bekommen wir rote Wangen, einen schnelleren Puls und es geht eine angenehme freudige Erregung durch unseren Körper. Bei zunehmender Wut läuft der Kopf rot an oder das Gesicht wird ganz blaß, die Hände verkrampfen sich zu Fäusten, der Körper gerät in Wallung (Kampfbereitschaft). Ist der Reiz stark genug, spielen sich viele physiologische Veränderungen im Körper ab. Die Blutgerinnung erhöht sich, damit im Falle einer Verletzung der Schaden begrenzt bleibt.

Der verliebte Mensch kann voll und ganz von seinen Gefühlen beherrscht werden. Er nimmt kaum noch seine Umwelt wahr, wenn die Liebe ihn ergriffen hat und seine positiven Schwingungen ihn in Entzücken versetzt haben. Möglicherweise steuern seine Emotionen sein gesamtes Handeln.

Andere Gefühle sind wiederum oberflächlich und beeinflussen unser Handeln weniger.

Ein emotionaler Zustand verbraucht viel Energie. Wir kennen alle das Kleinkind, das nach einem Wutanfall leicht einschläft, und auch ein Erwachsener spürt den Energieverbrauch und die Müdigkeit.

Während eines ausgeprägten emotionalen Zustandes (Freude, Angst, Wut) wird das menschliche Verhalten vorrangig durch das autonome Nervensystem gesteuert und dieses wiederum durch das zentrale Nervensystem, das verschiedene Reaktionsmöglichkeiten bereitstellt. Normalerweise wird das autonome bzw. vegetative Nervensystem nicht von unserem Willen gesteuert – es funktioniert eben autonom.

Zu diesem Nervensystem gehören die Drüsen der inneren Organe (Bauchspeicheldrüse), die glatte Muskulatur und das Herz- und Kreislaufsystem. Das autonome Nervensystem besteht aus dem sympathischen und dem parasympathischen Anteil, deren einzelne Funktionen sich teilweise aufheben, da sie in Teilbereichen entgegengesetzt arbeiten.

Der sympathische Anteil wird in der Regel bei körperlicher Anstrengung in einer Kampf- oder Gefahrensituation aktiviert. Dies führt zu einer Kette von Vorgängen: Steigerung

**2**

des Herzschlages, Erhöhung des Blutdruckes und somit Förderung der Muskeldurchblutung, Bereitstellung von ausreichendem Blutzucker, Verbesserung der Durchblutung von Nieren und Nebenniere. Gleichzeitig wird die Darmtätigkeit eingeschränkt.

Durch die Einwirkung des parasymphatischen Nervensystems werden die gleichen Funktionen wiederum verlangsamt – dieses System ist also eher für unsere Ruhe zuständig.

Was bedeuten Gefühle für uns?
Gefühle sind die Farben in unserem Leben – 'mal dunkler, 'mal heller. Erst durch Gefühle verspüren wir die Wirklichkeit! Außerdem sind sie ein wichtiger Bestandteil unserer Persönlichkeit. Daher sollten wir die gesamte Skala der Gefühle in uns zulassen können. Nur für solche Gefühle, die uns aus dem Gleichgewicht bringen oder unseren Lebensraum einschränken, müssen wir neue Methoden lernen, die es uns ermöglichen, das eigene Leben und die dazugehörigen Gefühle im Griff zu behalten.

## Die Angst und ihr Wesen

Angst ist ein ganz natürlicher Teil unseres Lebens, der uns davor schützt, uns zu großen Gefahren auszusetzen. Die Angst ist ein Gefühl, das uns das Leben retten kann.

Angst, die nicht zu stark ausgeprägt ist, ist daher zunächst ein positives Gefühl: Sie macht uns vorsichtig und bringt unsere Sinnesorgane in Gefahrensituationen auf Höchstleistung.

Angst und Spannung üben gleichzeitig auch einen erheblichen Reiz auf den Menschen aus. Viele genießen Horrorfilme, Achterbahnfahrten oder Bungee-jumping. Bei anderen kann schon der Gedanke an solche Aktionen Alpträume auslösen. Mut bedeutet aber nicht Furchtlosigkeit, sondern die Fähigkeit, trotz Angst, zu handeln.

Angst und Erschrecken sind in vielen Situationen lebenswichtige Verhaltensweisen. Ein furchtloser Mensch könnte niemals alt werden, da er sich Hals über Kopf in Gefahren stürzen würde. Jeder gesunde Mensch braucht die Fähigkeit, Angst zu erleben. Sie ist eine der Grundlagen für ein sinnvolles Leben und bedeutet eine Schutzfunktion. In Gefahrensituationen kann der menschliche Körper blitzschnelle Reaktionen von ungeahnten Kräften ausführen, die es ihm ermöglichen, zu kämpfen oder zu fliehen.

Angst kann sehr unterschiedlich erlebt werden. Führt sie zur Einengung, werden ihre positiven Aspekte durch die negativen unterdrückt. Es gibt verschiedene Ausprägungen und Beschreibungen von Angst; sie reichen vom leichten Erschrecken, sich fürchten oder Entsetzen über phobische Zustände zur panischen Angst, die einen voll und ganz beherrscht. Angst kann mit den unterschiedlichsten Dingen, Sachverhalten, Situationen, Personen und Orten gekoppelt werden, sowohl in rationalen als auch irrationalen Zusammenhängen.

In einer echten Gefahrensituation entsteht rationale Angst. Angst vor Schmerzen oder Verletzungen führt zu Vorsicht. Der Mensch kennt solche Situationen aus seinen gesammelten Erfahrungen – beim Spiel mit dem Feuer oder im Umgang mit Waffen müssen bestimmte Vorsichtsmaßnahmen eingehalten werden, und gleiches gilt z. B. auch für Autofahren auf spiegelglatter Fahrbahn.

Bei Gefahrensituationen, die ausschließlich in der mentalen Vorstellung vorkommen und in keinem realen Zusammenhang mit der wirklichen Gefahr stehen, handelt es sich um eine irrationale Angst, wie z. B. die Angst vor Spinnen oder vor großen Plätzen.

Irgendwann im Laufe ihres Lebens werden alle Menschen intensive Angstreaktionen erleben: z. B. bei eigener schwerer Erkrankung oder eines nahen Angehörigen. Wenn in einer solchen Situation Todesangst besteht oder Verlustangst oder Angst vor einer ungewissen Zukunft, ist die Gefahrensituation wirklich gegeben (reale Angst). Solange die Angst, so intensiv sie auch sein mag, dem Menschen noch sinnvolle Handlungen erlaubt, handelt es sich um ein völlig normales Gefühl. In der Regel läßt die Angst auch nach, wenn die bedrohliche Situation vorbei ist.

Ängste, die, gemessen an der Bedrohung, ungewöhnlich intensiv sind und auch ohne echten Angstauslöser ständig wiederkehren, schränken enorm die Handlungsfähigkeit des Menschen ein und verengen den Lebensraum.

Einige Beispiele: Die Angst vor öffentlichem Reden ist die häufigste Angst überhaupt. Ist sie sehr ausgeprägt, kann sie einen Menschen hindern, seiner Arbeit nachzugehen. Bei starker Angst vor großen, weiten Plätzen kann der Betroffene nicht mehr das Haus verlassen.

Der Mensch sucht ein Gleichgewicht im Leben. Wenn durch Angst dieses Gleichgewicht zerstört wird, wird er alles versuchen, daß diese Angst nicht wieder auftritt (Vermeidungsstrategie).

Ein Kind, das auf dem Schulweg ein traumatisches Erlebnis mit einem aggressiv bellenden Hund hatte, wird einen längeren Schulweg in Kauf nehmen, um eine weitere Begegnung mit diesem Hund zu vermeiden.

Aber auch ein vor sich hin träumender Hund könnte dem Kind Angst einjagen, nur weil ihm die bedrohliche Situation wieder einfällt. Diese Angst vor Hunden könnte generalisiert werden und sich somit auf jeden Hund übertragen. Wenn die Angst einem derart zusetzt, handelt es sich um ein sehr beengendes Gefühl. Die Vermeidung von angsterzeugenden Situationen allein läßt die Angst nicht verschwinden oder an Intensität verlieren. Umgekehrt kann die Angst sogar noch verstärkt und gefestigt werden, da sie durch die eigene Phantasie und Vorstellungskraft aufrechterhalten wird. Wenn der Mensch angsterzeugende Situationen regelmäßig vermeidet, kann er nie die Erfahrung machen, daß er sich manchmal ganz umsonst fürchtet. Die angstauslösende Situation könnte unter anderen Umständen neutral oder sogar positiv erfahren werden.

Könnte sich das Kind dem oben erwähnten Hund unter vertrauten Umständen nähern, würde es wahrscheinlich die Erfahrung machen, daß es sich eigentlich um ein ruhiges und freundliches Tier handelt, das nur spielen will. So könnten auch seine Vorstellungen von blutsaugenden Ungeheuern, die hinter jeder Ecke auf der Lauer nach Schulkindern warten, verschwinden.

Angst darf man nicht verneinen oder unterdrücken, sondern muß sie als Teil der menschlichen Natur akzeptieren. Man kann mit der Angst per Du werden, man kann sie kennenlernen wie einen anderen Menschen und man kann auch lernen, mit ihr umzugehen.

Warum stürzen sich einige Menschen ihr ganzes Leben lang von einer beängstigenden Situation in die andere? Können ohne Abenteuer nicht leben? Warum werden jedoch wiederum andere Personen so leicht durch Angst in ihrer Lebensweise eingeschränkt?

Die gleiche Situation, die für den einen großen Genuß bedeutet, kann von einem anderen als unerträglich angesehen werden.

Individuen unterscheiden sich unter anderem in der Ausprägung ihrer Reizschwellen und Sensibilität. Sehen wir uns das folgende Beispiel einmal näher an: Fünf Kleinkinder spielen miteinander. Plötzlich gibt es draußen einen explosionsartigen Knall. Zwei Kinder sausen schnellstens zu ihren Müttern, eines versteckt sich, ein anderes beginnt zu weinen und das fünfte läuft zum Fenster, um alles genau mitzubekommen.

Die Erfahrungen der Kindheit, die uns geprägt haben, spielen hier eine bedeutende Rolle.

Es ist daher wichtig, die Hintergründe und Entstehungsmechanismen der Angst zu kennen und zu verstehen. Allein durch dieses Wissen kann aber Angst nicht vermindert oder das Leben mit der Angst nicht erleichtert werden.

Die Erkenntnisse über die Angstentstehung liefern uns nicht genügend Mittel, diese auch zu bewältigen. Um das Leben mit der Angst zu erleichtern, wird eine konkrete Methode benötigt, mit deren Hilfe die Angst und ihre Körpersymptomatik im Griff gehalten werden kann. Diese Methode wird später in diesem Buch vorgestellt.

Es ist ratsam, sich einmal darüber Gedanken zu machen, was man von seinen Ängsten erwartet. Ist es eine realistische Erwartung, daß die Ängste vollkommen verschwinden? Will man jeder Situation ohne Spannung begegnen oder könnte man eine leichte Unruhe akzeptieren, eine kleine Spannung sogar, die noch unter Kontrolle ist?

Bezogen auf die Flugangst: Wäre es sinnvoll, sich eine leichte Spannung zu erlauben? Fliegen ist für die meisten von uns kein alltägliches Geschehen, und ein leichtes Gefühl von Unruhe sollte man daher schon akzeptieren können. Meist benötigt man aufgrund der Reisevorbereitung soviel Energie, daß der Reisende Streß-Symptome empfindet. Die Symptomatik von Streß und Angst sind jedoch eng miteinander verbunden.

## Physiologische Symptome von Angst

Emotionen lösen, wie wir bereits gesehen haben, eine Reihe physiologischer Veränderungen aus. Dies gilt selbstverständlich auch für Angst, die von den unterschiedlichsten körperlichen Veränderungen begleitet werden kann.

Verschiedene Personen können sehr voneinander abweichende Symptome verspüren. Einer reagiert auf Angst mit Spannungskopfschmerz, der andere mit Appetitlosigkeit oder Herzrasen. Ein und dieselbe Person wiederum kann in verschiedenen Situationen ganz unterschiedlich reagieren. Bei allen führt aber Angst zu einer erhöhten Muskelspannung. Diese körperlichen Veränderungen steigern die Angstreaktion. Es kommt zu einem circulus vitiosus (Teufelskreis). Ein Symptom provoziert das andere: Angstzustände führen zu Herzklopfen und Schwitzen, und dies wird vom Betroffenen als unangenehm empfunden und führt zu einer Verstärkung der Angst, die ihrerseits ein Schwächegefühl auslöst. Die Erregung wird intensiver. Es kommen weitere Symptome hinzu, bis letztlich der Körper in einen Alarmzustand gerät. Diesen chemischen Ablauf zu unterbrechen ist schwer, wenn man so intensiv von der Angst beherrscht wird. Sie wird z. B. den Klaustrophobiker zwingen, mitten im Film das Kino zu verlassen. Schon vor Filmbeginn überlegt er sich alle Fluchtmöglichkeiten und sucht sich einen Platz am Gang aus.

Diese vom autonomen Nervensystem gesteuerten Körperfunktionen sind in der Regel vernünftig und von großer Bedeutung. Geht es um eine plötzliche Flucht oder um das pure Überleben, stellt der Körper durch blitzschnelle Hormonausschüttung (Adrenalin) „Bärenkräfte" zur Verfügung. Unangenehm werden diese Fähigkeiten und Möglichkeiten in Situationen, in denen der Mensch diesen Hormonspiegel nicht durch körperliche Tätigkeiten im Kampf oder auf der Flucht abbauen kann. Dies ist der Fall im Flugzeug oder bei einer Fahrt im Fahrstuhl. Die nächsten Kapitel gehen auf die Folgen ein, die entstehen, wenn dem Menschen die Möglichkeiten zum Abbau der körperlichen Kampf- oder Fluchtbereitschaft fehlen.

## Atemnot

Atemnot wird als Atemschwierigkeit oder Anstrengung beim Atmen erlebt. Es handelt sich um ein subjektives Gefühl, das nicht gemessen werden kann. Darüber berichten kann nur jemand, der die Atemnot selbst erlebt und erfahren hat: „Ich kann nicht genügend Luft holen, die Atmung geht beschwerlich, es gibt ein Engegefühl im Hals oder in der Brustgegend, man gerät außer Atem, hat das Gefühl zu ersticken."

Ursache für eine Atemnot können verschiedene Krankheiten sein. Gewöhnlich handelt es sich um krankhafte Entwicklungen der Lunge, der Bronchien, des Brustkorbes, der

Atemmuskulatur oder auch um Kreislaufbeschwerden. Atemnot kann aber auch in Zusammenhang mit Streß und Angst entstehen.

Das Gefühl von Atemnot oder ein Würgegefühl im Hals sind zweifelsohne sehr unangenehm. Es muß aber betont werden, daß es sich ausdrücklich um ein *Gefühl* handelt. Die Wirklichkeit zeigt, daß der Betroffene nicht erstickt, sondern sehr vital ist. Ohne Atmung hat der Mensch keine Möglichkeit zu überleben. Auch im Schlaf funktioniert die Regulation der Atmung problemlos.

Muskelspannungen im Brustbereich können Atemnot auslösen oder verstärken. In solchen Situationen ist eine Entspannungstherapie sehr hilfreich. Eine Entspannungsmethode muß bewußt erlernt und geübt werden, damit sie in der akuten Angstsituation wirksam eingesetzt werden kann.

## Hyperventilation

Eine ohne Anlaß (in Ruhe) exzessiv gesteigerte Atmung wird Hyperventilation (Überatmung) genannt. Meist entsteht Hyperventilation unbeabsichtigt bei starker psychischer Erregung (Wut, Angst, Schreckreaktionen, also bei allen Gefahrensituationen). Die Atemtätigkeit kann aber auch willentlich gesteigert werden, z. B. wenn man Tauchzeiten verlängern oder eine bessere „Höhentauglichkeit" erreichen möchte.

Die Auswirkungen von Hyperventilation auf den Körper sind sehr komplex, so daß der Betroffene selten versteht, was mit ihm passiert und er sich immer weniger kontrollieren kann. Es beginnt meist mit einem Kribbeln an Händen und Füßen als Folge einer Gefäßverengung bis hin zu kalten und gefühllosen Extremitäten. Schwindelgefühle, Benommenheit, Sehstörungen und Bewußtlosigkeit können ebenfalls auftreten.

Allein durch willentliches Anhalten der Atmung normalisiert sich dieser Zustand. Zu einer solchen Maßnahme ist der Betroffene meist nicht in der Lage, da er ja nicht versteht, was gerade vor sich geht. Im Gegenteil – er empfindet eher ein Gefühl der Todesangst.

Eine zweite, leicht zu handhabende Möglichkeit, die Atmung zu normalisieren, ist es in eine Tüte oder einen Handschuh zu atmen. Der Trick besteht darin, die ausgeatmete Luft wieder einzuatmen, da sie mehrKohlendioxyd enthält als die Umgebungsluft und daher das durch die Hyperventilation im Körper gestörte Gleichgewicht schneller wieder ausgeglichen wird. Die Tüte soll locker vor das Gesicht gehalten werden. Keinesfalls darf sie über den Kopf gezogen werden (Erstickungsgefahr). In der ausgeatmeten Luft ist noch immer ausreichend Sauerstoff vorhanden, so daß kein Sauerstoffmangel bei dieser ,Rückatmung' auftreten kann.

Es soll an dieser Stelle nicht verschwiegen werden, daß durch kontrollierte Hyperventilation über eine vermehrte Ausschüttung von körpereigenen Psychedelika wie Endomorphin und Dopamin ein außerordentlicher tranceähnlicher Bewußtseinszustand herbeigeführt werden kann.

### Schwächegefühl

„Ich friere, meine Beine sind wie Pudding, ich kann nicht mehr stehen, ich werde ohnmächtig." Viele kennen diese Aussagen bei entsprechend flauem Gefühl im Magen. Angst und Streß verbrauchen viel Energie, die sich der Körper durch Verbrennung von Zucker holt. In solchen

Situationen wird meist mehr Zucker verbrannt, als dem Körper zugeführt wird. Der Regelkreis des Körpers verlangt aber, daß der Blutzuckerspiegel in engen Grenzen gehalten wird. Dies geschieht zunächst durch Mobilisation von Kohlenhydraten, die in der Leber gespeichert werden. Fällt der Zuckerspiegel im Blut, fühlt sich der Betroffene schwach und friert leicht. Er hat das Gefühl, seine Kräfte zu verlieren. Er muß sich ausruhen und eine Kleinigkeit essen. Es ist daher ratsam, vor einer Flugreise eine leichte Mahlzeit zu essen oder wenigstens einen Imbiß mitzunehmen. Erfahrungsgemäß dauert es im Flugzeug oft länger als erwartet, bis die Flugbegleiter ein Essen anbieten können.

**Muskelverspannung**

Angst und Muskelverspannung gehören zusammen. Uns allen ist die Umschreibung „steif vor Angst" geläufig. In einer Situation, in der es nicht gelingt, diese Spannung abzubauen, können folgende Symptome auftreten:
- Zittern
- Zähneklappern
- Atembeschwerden
- Kreislaufbeschwerden
- Schwindel
- Kopf- und Nackenschmerzen
- Kältegefühl.

Das physiologische Pendant von Muskelspannung ist Entspannung. Daher sind aktive Entspannungsübungen sehr wichtig für die Unterbrechung der Angst. Bei ihrer Behandlung spielen sie eine zentrale Rolle. Es ist unmöglich, gleichzeitig seine Muskeln anzuspannen und zu entspannen. Hat man eine Methode zur Muskelentspannung noch nicht sicher gelernt, kann man durch Bewegungsübungen der Spannung begegnen. Auch im Flugzeug sind solche Übungen möglich. Es empfiehlt sich, die Schuhe auszuziehen, die Zehen zu beugen und zu strecken und mit den Füßen kreisende Bewegungen auszuführen. Anschließend preßt man die Fersen für einige Sekunden fest gegen den Boden und läßt wieder los, um die Muskulatur zu entspannen. Diese Übungen sollten einige Male wiederholt werden. Währenddessen ruhen die Hände auf dem Schoß oder werden rhythmisch zur Faust geballt und wieder entspannt. Keinesfalls sollte man sich an den Armlehnen so festhalten, daß die Knöchel weiß werden. Auch läßt sich der Kopf gleichzeitig fest gegen die Rückenlehne drücken und wieder entspannen. Der Kreislauf wird durch alle diese Übungen aktiviert und vermittelt ein Wohlgefühl. Nach Ausschalten der Anschnallzeichen kann man, soweit es der Serviceablauf ermöglicht, aufstehen und sollte davon mit einem Gang zur Toilette auch Gebrauch machen. Händewaschen und eine kleine Erfrischung im Gesicht verstärken das Wohlgefühl. Bewegung ist die beste Art, Spannungen abzubauen und der Thrombosegefahr durch langes verkrampftes Stillsitzen vorzubeugen. Ein ängstlicher Flugzeugpassagier findet es vielleicht peinlich, daß andere seine Angst erkennen könnten. Durch die geschilderten Bewegungsübungen wird man kaum auffallen.

### Herzrasen und Rhythmusstörungen

Im Erregungszustand wird das Herz heftig aktiviert. Unter Umständen „bleibt es im Halse stecken", wie der Volksmund so schön sagt. Unregelmäßigkeiten des Herzschlages werden nicht nur durch Streß, Angst und Erregung hervorgerufen, sondern auch durch Erschöpfung und/oder

Genußmittel (Koffein, Alkohol und Nikotin), aber auch durch Medikamente. In Situationen, die Streß oder Angst auslösen (Fliegen), ist es ratsam, diese Genußmittel zu vermeiden und anstatt ständig in sich hineinzuhorchen, sollte man seine Gedanken bewußt anderen Dingen zuwenden und sich wieder einmal *entspannen*.

### Schwindelgefühl, Bewegungskrankheit

Bei Schwindel handelt es sich um das Gefühl, das Gleichgewicht zu verlieren. Entweder lösen Bewegungserscheinungen (rotieren, schaukeln) den Schwindel direkt aus oder er kommt zustande, weil man den Eindruck hat, die Umgebung befindet sich in Bewegung (Großleinwandkino). Das Gleichgewichtsorgan befindet sich im Innenohr. Die Bewegungen werden dort in den einzelnen Schneckengängen registriert und an das Gehirn gemeldet. Es empfiehlt sich, bei Bewegungen nicht auch noch zusätzliche Drehbewegungen mit dem Kopf zu machen. Besonders unerfahrene Passagiere versuchen, bei Turbulenzen weiterhin die Sicht nach draußen aufrechtzuerhalten und drehen sich zum Fenster, obwohl das Flugzeug eine Auf- und Abbewegung macht. Diese zusätzliche Bewegung führt zur Reizüberflutung des Gehirns. Es gibt nur noch die Möglichkeit, mit Schwindel zu reagieren, um sich selbst dahingehend zu stoppen, weitere Bewegungen auszuführen. Man kann dieses Phänomen leicht erzeugen, wenn man sich auf einen Bürostuhl setzt und sich drehen läßt. Nach drei Umdrehungen muß man dann nur noch mit dem Kopf nicken, als wollte man seine Zustimmung ausdrücken. Dabei wird jedem schwindlig. Es kommt zum Würgereiz, Erbrechen und zu Koordinationsstörungen.

Interessanterweise kennen wir das Schwindelgefühl aus dem Kino. Obwohl wir ruhig auf dem Sessel sitzen, vermittelt uns die Bewegung auf der Leinwand unter Umständen solche Reize, daß uns dadurch schlecht wird. Diese relativen Bewegungsreize sind den echten gleichzusetzen, oft übertreffen sie diese sogar. Das Auftreten einer Bewegungskrankheit ist zunächst eine normale Antwort auf ungewohnte oder unbekannte Umwelteinflüsse bzw. Bewegungsreize. Jedes nicht adaptierte Individuum wird die bekannten Reaktionen entwickeln. Die Anfälligkeit für die Bewegungskrankheit richtet sich nach den äußeren Bedingungen (rauhe See, turbulenter Flug) und ist nicht selten vom psychischen Problem der Angst überlagert.

In der Entstehung der Bewegungskrankheit spielt das Gleichgewichtsorgan eine entscheidende Rolle. Patienten ohne intaktes Gleichgewichtsorgan können kaum bewegungskrank werden. Wir haben aber gesehen, daß Schwindel auch durch optische Reize (ohne Eigenbewegung) ausgelöst werden kann. Schwindligkeit ist also kein isoliertes Phänomen des Gleichgewichtsorgans, sondern die Antwort des Körpers auf Bewegungsreize, die er noch nicht kennt oder anders erwartet hätte. Diese Beobachtungen führten zur Störsignal-Theorie (mismatch):

Alle Bewegungsreize, die auf den Organismus durch das Auge, den Gleichgewichtsapparat oder andere Haut- und Muskelrezeptoren einwirken, werden im Gehirn im räumlichen Gedächtnis mit Informationen verglichen, die aus der Vergangenheit dort als Bewegungsreize abgespeichert wurden. Wird ein Bewegungsablauf als neu oder anders als die gespeicherten erkannt, wird ein Störsignal erzeugt und die Symptome der Bewegungskrankheit werden ausgelöst.

Dieses Störsignal informiert das Gedächtnis über den neuen Bewegungsreiz und das neue Muster wird abgespeichert. Im Flugzeug wird die Flugangst noch verstärkt durch die Angst vor dem Erbrechen. Diese Vorstellung ist für den Betroffenen besonders demütigend und beschämend. Erbrechen kommt jedoch selten vor. Für den Notfall befindet sich in der Tasche gegenüber des Passagiers eine Papiertüte, die benutzt werden kann, falls die Toilette in dieser Situation nicht mehr erreichbar sein sollte.

Manche Seminarteilnehmer haben berichtet, daß sie erst erbrochen haben, nachdem sie den Flug überstanden und wieder festen Boden unter den Füßen hatten, sozusagen als Ausdruck der Erleichterung nach intensiver Angst.

Viele Teilnehmer klagen auf den Flugangstseminaren über Schwindelgefühle oder haben Angst, ohnmächtig zu werden. Allein die Gedanken an das Fliegen führen zum oben beschriebenen Störsignal. Es ist aber noch kein Seminarteilnehmer ohnmächtig geworden, weder während des Seminars, noch während des anschließenden Fluges.

## Temperaturschwankungen

Die Kabinentemperatur von Flugzeugen wird im Cockpit für alle Zonen gleichmäßig geregelt. Aus technischen Gründen führt dies aber trotzdem dazu, daß es Bereiche gibt, die wärmer oder kälter erscheinen. So ist es manchmal nicht ganz einfach, die Temperaturwünsche der Passagiere zu erfüllen. In jedem Fall sollte man sich aber an die Flugbegleiter wenden, die diese Information an die Cockpitbesatzung weiterleiten und in der Zwischenzeit gern mit Decken und Kissen aushelfen. Bei manchen Flugzeugtypen befindet sich eine kleine, regulierbare Frischluftdüse oberhalb des Sitzes neben der Leselampe. Reiseprofis wissen, wie wichtig eine angenehme Temperatur für den Entspannungsprozeß ist. Sie achten bereits bei den Reisevorbereitungen darauf, sich so zu kleiden, daß sie ohne große Mühe ein Kleidungsstück aus- oder anziehen können, um sich wohl zu fühlen. Gerade ge- streßte und verspannte Menschen reagieren sensibler auf Temperaturschwankungen als entspannte. Es ist besser, sich wohlig warm zuhalten als zu frieren, vor allem, wenn man sich entspannen möchte.

## Entstehungsmechanismen der Angst

Ein Neugeborenes verspürt noch keine Angst. Angst ist eines der ersten Gefühle, die es lernen muß. Ein Kind, das Lebenserfahrungen sammelt, neue Fähigkeiten und Verhal- tensweisen erlernt, lernt auch, sich zu fürchten. Einzelne Ängste (Angst vor dem Ertrinken, vor Feuer oder Höhen- angst) können biologische, lebenserhaltende Hintergründe haben. Die meisten Ängste werden allerdings erlernt.

Die ersten Ängste, die das Kind lernt, könnten die Angst vor dem Alleinsein, dem Hinfallen, vor Schmerzen oder anderen Gefahren sein. Diese Ängste können als reale, „normale" Ängste definiert werden, die wir alle erlernen müssen, um uns nicht ständig zu verletzen.

Schon sehr früh begegnet das Kind aber auch anderen Ängsten, die von Angehörigen hervorgerufen werden: Wenn du dies und jenes nicht tust, passiert dir dies und das – du wirst schon sehen!

### Einflüsse von Erziehung und Umwelt

Bewußte Angstinduzierung und Drohungen gehören seit Generationen zu den gängigen elterlichen Erziehungsme- thoden.

Dem ungehorsamen Kind wird mit Polizei, Arzt, Erziehungsanstalt, Alleinlassen, Strafen oder Verweigerung von Freuden und angenehmen Erlebnissen gedroht. Manchmal handelt es sich nur um Drohungen, hin und wieder werden diese Drohungen allerdings auch ausgeführt. Jeder Erwachsene erinnert sich an solche Drohungen von Eltern und Geschwistern, die – bewußt oder unbewußt – später bei den eigenen Kindern wieder angewendet werden.

Diese „wenn – dann"-Erziehungsmethode kann das Kind zu einer falschen Einstellung gegenüber verschiedenen Dingen, Sachverhalten, Situationen aber auch Menschen und Tieren verleiten.

Ein Beispiel: die Angst vor öffentlichem Auftreten oder Reden. Es ist die am weitesten verbreitete Angst. Kleinkinder haben selten Angst, sich öffentlich zu melden oder Aufsehen zu erregen. Die „Erziehungsnormen" fordern jedoch von den Eltern, sich darum zu bemühen, daß die Kleinen nicht ständig im Mittelpunkt stehen, damit ein Erwachsener seinen Satz in Ruhe zu Ende sprechen darf. So werden die Kleinen zum Schweigen gebracht, obwohl sie gerne spontan eine Äußerung hervorbringen würden.

Bereits im Grundschulalter haben die Gehorsamen dieses Prinzip soweit verinnerlicht, daß sie Angst haben, am mündlichen Unterricht teilzunehmen oder ein kurzes Referat zu halten.

Viele von uns bekommen feuchte Handflächen und einen trockenen Mund bei dem Gedanken, eine öffentliche Rede halten zu müssen. Dies könnte das Resultat einer Erziehung mit Hilfe von Drohungen sein, die darin gipfelt, Angst zu haben, öffentlich aufzutreten.

**Das Übernehmen der Ängste Anderer**

Kinder lernen vieles durch Nachahmung der Erwachsenen oder durch Modellernen. Ängste von Erwachsenen werden so ungewollt an die Kinder weitergegeben.

Einige Beispiele:

- Eine Mutter, die Angst vor Katzen hat, beschützt ihr Kind vor Katzen und vermittelt ihm das Gefühl, die Katzen seien gefährlich.
- Eine Tante, die als Kind einen schweren Fahrradunfall hatte, betont gegenüber dem Kind die Gefahren des Radfahrens.
- Eine Oma, deren Tochter häufig krank war, beschützt ihren Enkel vor ansteckenden Krankheiten und bringt ihm bei, daß Bakterien gefährlich sind, und ebenso Kontakte zu anderen Kindern, die als Krankheitsträger in Frage kommen.
- Eltern, bei denen einmal eingebrochen wurde, betonen immer wieder, wie wichtig es ist, die Tür richtig abzuschließen. Folglich wird das Kind immer wieder kontrollieren, ob die Tür auch abgeschlossen ist.
- Eltern, die fürchten, ein Fremder könnte ihrem Kind etwas antun, warnen ihr Kind vor Unbekannten. Das kann dazu führen, daß das Kind sich sogar unter Klassenkameraden zurückhält und sich in der Nähe fremder Menschen unwohl fühlt (Schlange stehen, Gedränge, Sitzplatz zwischen Fremden).

Es ist nicht beabsichtigt, Schuldzuweisungen auszusprechen. Vielmehr soll bewußt gemacht werden, mit welchen Problemen und Gefahren Erziehungsmethoden und die Weitergabe von „Erfahrungen" verbunden sind. Die Welt steckt voller realer Gefahren, die nicht hochgespielt (überbetont), aber auch nicht verniedlicht werden dürfen, um in der Vorstellung nicht zu irrealer Größe zu wachsen. Erziehung sollte das Selbstvertrauen des Kindes stärken. Dies wird am ehesten erreicht, in dem es zur Sorgfalt und Vorsicht im Verkehr, mit fremden Menschen und gegenüber Krankheiten erzogen wird.

Ängste können durch Erziehung und durch Umgang mit anderen von Generation zu Generation weitergegeben werden.

### Eigene Erfahrungen

Für das Erlernen der Angst spielen die eigenen Lebenserfahrungen eine bedeutende Rolle. Je traumatischer und bedrohlicher eine angstauslösende Situation war, desto eher wird diese Angst Spuren hinterlassen.

Ein Mensch, der einen schweren Autounfall knapp überlebt hat, könnte lange Zeit oder gar für immer das Autofahren vermeiden. Angst muß nicht unmittelbar von einem Trauma verursacht sein. Gefühle der Angst können vielmehr Jahre oder Jahrzehnte schlummern und erst ans Licht kommen, wenn der Mensch anderen Stressoren ausgesetzt ist.

Für einen Geschäftsmann, der oft fliegen muß, könnte folgendes zutreffen:

Beruflich entsprechend hoch engagiert, werden die Arbeitstage länger und es bleibt immer weniger Zeit für die Familie. Der Geschäftsmann entwickelt Schuldgefühle, die sich aufgrund einer Dienstreise zu einer unaufschiebbaren Sitzung ins Ausland noch erheblich verstärken. Stark belastet tritt er den Flug mit Hilfe von Alkohol und Nikotin an. Der Alkohol tut seine Wirkung, aber nicht im Sinne der

Entspannung, sondern er verstärkt jede unruhige Bewegung des Flugzeuges um ein Vielfaches. Er kann kaum noch unterscheiden, ob die Bewegung nun tatsächlich stattfindet oder er nur das Gefühl hat, daß es wackelt. Er empfindet ein tiefes Mißtrauen und bekommt erhebliche Angst. Dies führt zu einer immer stärkeren Verkrampfung und am Ende weiß er gar nicht mehr, was wirklich los ist. Der Flug endet jedoch wider seiner Erwartungen normal. Wo ist nun der „Schuldige" zu finden? Liegt es an den Lebensumständen? Dem Flugzeug? Dem Wetter? Oder an allem zusammen? Sicherlich wird unser Geschäftsmann die Schuld zunächst beim Flugzeug und Wetter suchen, denn dies ist einfacher, als sich mit den eigenen Lebensumständen auseinanderzusetzen. Er weiß, daß er immer wieder fliegen muß. Schon bei dem Gedanken an den Rückflug stellen sich erste Spannungsgefühle und Magenkrämpfe ein. Kommt es auf diesem Rückflug zu ähnlichen Erlebnissen wie auf dem Hinweg, kann sich die Angst generalisieren, d. h. schon bei Situationen, die nur im entferntesten mit der ursprünglichen Situation zu tun haben – wie z. B. das Hören von Triebwerkgeräuschen und Gedanken an das Fliegen – stellen sich bereits Angst und Verkrampfung ein.

**Die Bedeutung von Streß bei der Entstehung von Angst**
Der Begriff Streß stammt von Hans Selye, einem österreichischen Arzt. Frühere Generationen beschrieben einen Zustand, den wir heute Streß nennen, als Anstrengungen oder viel, viel Arbeit. Normalerweise hat der Begriff Streß für uns eine negative Bedeutung, obwohl er eigentlich positiv verstanden werden sollte: In der Medizin bedeutet

Streß die Gesamtheit aller auf uns einwirkenden Reize. Im allgemeinen Sprachgebrauch wird Streß aber mit Überanstrengung gleichgesetzt.

Streß bedeutet die Spannung, die zwischen den Fähigkeiten, Fertigkeiten und der Kapazität eines Menschen einerseits und den Forderungen der Außenwelt andererseits herrscht.

Streß an sich ist positiv. Wir brauchen Streß und Herausforderungen auf unterschiedlichsten Gebieten unseres Lebens. Er ist vielfach Triebfeder und Motor für unser Tun und Handeln. Herausforderungen und Streß können uns, sofern sie im Gleichgewicht mit unserer Kapazität stehen, enorme Kräfte verleihen. Ein Leben ganz ohne Herausforderungen wäre langweilig und entmutigend. Es ist eine höchst individuelle Sache, ob das Leben als stressig oder nicht stressig empfunden wird. Unterschiedlichste Anforderungen (in der Fachsprache Stressoren genannt) können aber das Leben eines Menschen auch so sehr belasten, daß er sich nicht imstande fühlt, normal zu arbeiten und zu leben. Es ist ihm dann nicht mehr möglich, den selbstgesetzten oder an ihn gesetzten Erwartungen zu genügen und diese zu erfüllen. Die Situation hat sich damit grundlegend verändert und die Stressoren sind nun schädlich und belastend geworden. Der Mensch leidet unter dem Gefühl, mit seinen Aufgaben und seinem Leben nicht mehr zurechtzukommen.

Somit hat sich der positive, das Leben bereichernde Streß zum negativen, schädlichen Streß verändert. Diese Art von Streß wird von Hans Selye als Distress bezeichnet. Distress beinhaltet psychosoziale Faktoren, die mit dem Berufsleben in Zusammenhang stehen können, aber keinesfalls stehen müssen und all die seelischen Belastungen, die der Mensch jeden Tag bewußt oder unbewußt dulden muß. Solche Belastungen können Ängste und Frustrationen im Privat- oder Berufsleben sein, oder jene Faktoren, die in uns Trauer, Wut, Enttäuschungen oder Rachegefühle wecken – und mit denen es sich nicht leicht leben läßt. Distress zu erleben, bedeutet, daß man sich in einer Situation befindet, in der der Druck der Umwelt nicht verarbeitet werden kann und somit nicht unter Kontrolle zu bekommen ist.

Für die Verarbeitung von schädlichem Streß besitzen wir eine Fähigkeit, die wir nicht einmal bewußt nutzen müssen: Unsere Träume helfen uns, die seelischen Belastungen zu kompensieren. Mit Hilfe der Träume tröstet das Unbewußte den traurigen, beleidigten oder frustrierten Menschen. Träumen ist ein wichtiger, wissenschaftlich nachgewiesener Kanal für die Verarbeitung psychischer Spannungszustände.

Es kann aber vorkommen, daß wir unter so ausgeprägten psychosozialen Streß geraten, daß uns Träume allein nicht helfen können. Der Organismus gerät in einen Alarmzustand. Als Folge treten verschiedene körperliche Symptome auf.

Paul Rosch, einer der führenden amerikanischen Streßforscher (American Institute of Stress), hat verschiedene Streßsymptome aufgelistet (Psychologie Heute, Januar 1992). Zu diesen körperlichen Symptomen können noch eine Reihe emotionaler Symptome hinzukommen, die Auswirkungen auf mentale Fähigkeiten haben können.

I Der Körper reagiert auf Streß mit einem oder mehreren der folgenden Symptome:

- wiederholte Kopf-, Rücken- oder Nackenschmerzen
- Schwindel
- trockener Mund
- Schluckschwierigkeiten
- Stottern
- Zähneklappern oder -knirschen
- Zuckungen von Lippen oder Händen
- kalte, feuchte Hände / Füße
- Schwitzen
- Erröten
- „Gänsehaut"
- wiederholtes Stöhnen
- Müdigkeit
- Atemnot
- schneller Puls
- Herzrasen
- Blähungen, Magenbeschwerden
- Appetitmangel oder -zunahme
- Gewichtsab- oder -zunahme
- Unwohlsein
- Durchfall oder Verstopfung
- Sodbrennen
- häufiges Wasserlassen
- Erkältung, Infektionen
- Allergien, Ekzeme, Jucken.

II Laut Rosch sind auch folgende emotionale Reaktionen denkbar:

- Gemütsabweichungen, Weinkrämpfe, Wutausbrüche

- Schuldgefühle
- Depressionen
- das Gefühl von Überanstrengung
- Einsamkeit, Wertlosigkeitsgefühl
- Nervosität
- Angst- oder Panikzustände
- Frustrationen, Reizbarkeit
- Zweifel
- Abwehrreaktion
- Verminderung der sexuellen Bedürfnisse
- Schlaflosigkeit, Alpträume.

III Im kognitiven Bereich (soweit Wissen und Verständnis betroffen sind) können folgende Veränderungen beobachtet werden:

- Konzentrationsschwächen
- Wahrnehmungsstörungen
- Lernschwierigkeiten
- Vergeßlichkeit
- Planlosigkeit
- fehlende oder verminderte Entscheidungskraft.

IV Folgende Verhaltensänderungen können außerdem beobachtet werden:
Die Person wird unpünktlich, ungeschickt, erleidet häufig kleine Unfälle. Die Leistung nimmt ab. Kommunikationsschwierigkeiten treten auf. Es gibt Schwierigkeiten im sozialen Bereich. Der Verbrauch an Medikamenten oder Genußmitteln nimmt zu.

Viele dieser Symptome können laut Rosch unbewußt sein oder das Verhalten nur langsam beeinflussen. Nicht die

Vielfalt der Symptome ist maßgebend, sondern vielmehr ihre Dauer und Intensität, um ausgeprägten Streß hervorzurufen. Leidet ein Mensch langfristig unter Schlaflosigkeit und Zähneknirschen, wird er „lediglich" von zwei Symptomen geplagt. Diese werden jedoch seine Leistungen und seine Lebensqualität gewaltig beeinflussen.

Beim Lesen der Punkte I bis IV fällt leicht auf, daß Streß die gleichen Symptome hervorruft wie Angst. Streß zählt auch zu den Angstsymptomen und umgekehrt Angst zu den Streßsymptomen. Beide ungebetenen Gäste verursachen uns viel Leid, wenn sie sich in uns breitmachen.

Da Streß und Angst so eng zusammengehören, wird die Entscheidung manchmal schwerfallen, welches der beiden Symptome zuerst da war. Auch der Abbau von Distress ist sehr bedeutsam für die Angstbewältigung.

Angst, Streß und Gefahrensituationen sind für den Menschen physisch und psychisch sehr anstrengend. Gerät er in eine Gefahrensituation, kommt es in seinem Körper zu blitzschnellen chemischen Reaktionen, die ihm aus dieser Situation heraushelfen sollen. Eine Gefahrensituation löst einen Alarm aus, der Körper bereitet sich auf Kampf oder Flucht vor. Diese Verhaltensweisen führen zum Abbau der bereitgestellten Hormone und Energien. In unserer modernen Welt gerät man aber eher in solche Situationen, in denen es unmöglich ist, auf Streß und Angst mit Kampf oder Flucht (Hormonabbau durch Bewegung) zu reagieren. Die Gefahr, die uns streßt, kann imaginär sein, da die zugrundeliegende Furcht irreal ist. Bei Streß durch berufliche Frustration, Arbeitslosigkeit oder der Frage nach dem Sinn des Lebens reagiert der Körper in der gleichen Weise, wie wenn dieser Mensch in der Steppe unverhofft einem Löwen gegenübersteht: Die Streßhormone Adrenalin, Noradrenalin und Cortison beschleunigen den Herzschlag, steigern den Blutdruck, erhöhen die Muskelspannung, verändern die Blutgerinnung. Wenn diese bereitgestellten Leistungen des Körpers nicht mit physischer Kraft (Flucht, Kampf oder andere Bewegungen) abgebaut werden, muß sich diese Kampfbereitschaft gegen den eigenen Körper richten. Es ist frustrierend, in voller Kampfbereitschaft dazusitzen, ohne etwas tun zu können. Ähnlich geht es einem Passagier, der von Flugangst geplagt wird. Er sieht sich einer Gefahr ausgesetzt, die in Wirklichkeit gar nicht existiert. Sein Körper ist in höchster Alarmbereitschaft, aber anstatt zu kämpfen oder zu fliehen, muß er passiv und meist noch angeschnallt in seinem Sitz verharren. In diesem Augenblick gibt es für ihn keine Möglichkeit, diese zusätzlichen Energien abzubauen.

Moderne Menschen reagieren auf Streß mit den gleichen Symptomen wie ihre Urahnen, die noch als Jäger direkt von Tieren bedroht waren. Aber auch Tiere reagieren in Gefahrensituationen mit den gleichen körperlichen Veränderungen, die wir auch von uns kennen.

Der Mensch lebt heute oft, auch wenn dies anders aussieht als zur Zeit unserer Urahnen, unter einer ständigen Bedrohung. Maßlosen Forderungen stehen wir gegenüber, entweder von uns selbst oder von unserer Umwelt – von Vorgesetzten, Kollegen, unserer eigenen Familie oder von „gutmeinenden" Freunden an uns gestellt. Leider ist der ehrgeizige Mensch allzusehr geneigt, darauf einzugehen. Er nimmt sich selbst nicht ernst, und um erfolgreich zu sein, akzeptiert er die verschiedensten Streßsymptome. Alles wird getan, um aus dem Konkurrenzkampf erfolgreich hervorzugehen. Für das fehlende Selbstwertgefühl wird jeder Streß akzeptiert. Dies kann langfristig aber nur dann erfolgreich sein, wenn die betroffene Person es schafft, in diesen Situationen im Gleichgewicht zu bleiben. Zunächst hält man ja große Anstrengungen aus – auch ohne sich längere Ruhepausen zu gönnen.

Von „burn out" (ausgebrannt) sprechen wir, wenn eine Person einen Zustand erreicht hat, bei dem sie völlig abgehetzt oder ausgebrannt ist. Kann diese Person sich selbst nicht rechtzeitig bremsen, wird ihr Körper mit Krankheit (Herzinfarkt, Schlaganfall) reagieren und ihn auf diese schmerzliche Weise aus dem Verkehr ziehen. Diese letzte Alternative wird auf jeden Fall schmerzlicher und längerfristig verlaufen, als eine frühzeitige Verhaltensänderung.

Eine burn-out-Entwicklung (d. h. konstanter Streß) kann verhindert werden, wenn die folgenden Punkte beachtet werden:

- Abbau von innerem Streß. Um Frustrationen auszuhalten, ist es notwendig, entsprechende Streßbewältigungsstrategien aufzubauen und aufrechtzuerhalten. Es gibt verschiedene Entspannungsmethoden, mit denen wir Streßabbau lernen können:
z. B. Autogenes Training, Yoga, T'ai Chi, progressive Muskelentspannung, klinische Kinesiologie.
- Die Kampf- und Fluchtbereitschaft muß durch sozial akzeptable Methoden abgebaut werden (Ausdauersportarten: Joggen, Radfahren, Schwimmen, Rudern). Gleichzeitig wird auch der Körper fit und in Form gehalten. Folgende Kampf- oder Wettkampfsportarten bieten sich ebenfalls als regelmäßiges Training an: Fechten, Tennis, Squash, Fußball, Eishockey.

- Die eigenen Wertvorstellungen müssen überprüft werden. Für wen arbeite ich bis zur Erschöpfung? Wie groß ist meine Freude über das neue Haus, Boot oder Auto, wenn ich dafür mit meiner Gesundheit bezahlen muß?
- Wie ernähre ich mich? Man hat kaum Zeit zum Essen, kalorienreiche Happen zwischendurch sind die Regel und häufig wird nur noch spät abends gegessen. Zu einer ausgewogenen Ernährung gehört auch ausreichend Zeit, diese in Ruhe genießen zu können. So wie der Mensch auf eine ausreichende Nachtruhe nicht verzichten kann, benötigt er auch die entsprechende Zeit zum Essen.

## Faktoren, die die Angst aufrechterhalten

In diesem Kapitel wurde bereits über die Entstehung von Angst gesprochen und die Möglichkeit aufgezeigt, daß Angst anerzogen sein könnte. Andererseits kann Angst auch aus einer negativen Erfahrung entstanden sein.

In der Schule, während der Ausbildung oder im Studium mußten wir uns eine unglaubliche Menge an Wissen aneignen. In unserem Beruf oder im täglichen Umgang benötigen wir viele dieser Daten, Jahreszahlen oder Mathematikformeln nicht mehr. Sie geraten in Vergessenheit und können nicht unmittelbar abgerufen werden. Vieles haben wir einfach wieder verlernt.

Warum verlernen und vergessen wir aber nicht die Angst, die wir uns irgendwann einmal angeeignet haben? Warum wird sie nicht weniger?

Wie unsere Angst aufrechterhalten bleibt und welche Verhaltensweisen dies unterstützen, soll im folgenden erörtert werden.

**Vermeidungsverhalten**

Wer angsterzeugende Situationen vermeidet, gibt seiner Angst damit ungewollt neue Lebenskraft. Es ist natürlich äußerst belastend, unter ständiger Angst zu leben. Viele Betroffene denken, sie könnten Angst vermeiden, wenn sie sich der spezifischen Gefahr nicht aussetzen. Diese Vermeidung von angsterzeugenden Situationen führt jedoch lediglich dazu, daß eine eventuelle Ungefährlichkeit oder Neutralität dieser angsterzeugenden Situation nie erlebt werden kann. Die eigenen Vorstellungen und inneren Bilder geben der Angst neue Lebenskraft und können ihre Stärke sogar noch erhöhen.

Wir stellen uns vor, Sie hätten Angst vor Hunden. Sie besuchen Ihre Freunde, die einen Hund besitzen. Sie fühlen sich nur dann wohl, solange der Hund angebunden ist. Sobald dieses nette Tier freigelassen wird, kommt es schwanzwedelnd auf Sie zu, um Sie freundlich zu begrüßen. Das jedoch halten Sie aufgrund ihrer Angst vor Hunden nicht aus und Sie wollen am liebsten sofort wieder wegfahren. Künftig werden Sie Ihre Freunde daraufhin künftig nur ungern treffen. Auch andere Bekannte, die Hunde halten, wollen Sie am liebsten nicht mehr sehen. Diese Angst vor Hunden beginnt Ihr Leben zu bestimmen und zu verändern. Bald hat Sie die Angst fest im Griff.

**Verschweigen der Angst**

Viele Menschen sind nicht bereit, ihre Angst zuzugeben. Oft sind sie nicht einmal bereit, darüber zu sprechen. Sie halten ihre Angst geheim und versuchen, jede angstauslösende Situation zu vermeiden. Es gibt auch Menschen, die ihre Angst einfach verneinen. Den Mitmenschen wird gesagt, daß man gewisse Situationen haßt oder nicht ausstehen kann. Zum Beispiel:

Ich will nicht fliegen,
- weil ich es hasse, zu schnell am Zielort zu sein, ohne unterwegs etwas gesehen oder erlebt zu haben.
- weil mir im Flugzeug übel wird.
- weil fliegen so teuer ist.
- weil ich das Gedränge im Flughafengebäude nicht ausstehen kann.
- weil es am Flughafen nicht genügend Parkplätze gibt.
- weil ich Koffer schleppen muß.
- weil ich mich in erster Linie für europäische Länder interessiere. Am liebsten setze ich mich ins eigene Auto, fahre selbst und mache Pausen, wo und wann ich will. Natürlich kann ich dann nicht soweit in die Ferne fahren.

Manchmal entsprechen diese Gründe der Wahrheit, häufig handelt es sich aber um einen Vorwand, um die Ängste zu kaschieren und zu verbergen. Die Angst wird nicht zugegeben, da man sie für eine Schwäche hält und man verständlicherweise nicht das Gesicht verlieren oder ausgelacht werden möchte.

### „Die Gleichgesinnten"
Einige Menschen sind nur allzu gern bereit, ihre Angst zuzugeben und ausschweifend darüber nachzudenken, welche Auswirkungen diese Angst für ihr Leben hat. Sie sind auf der Suche nach Gleichgesinnten, die ihre Angst verstehen, daran teilnehmen und auch selbst von diesem

Gefühl geplagt werden. Gelingt es, einen Gleichgesinnten zu finden, wird die eigene Angst meist verstärkt und somit für berechtigt und angemessen gehalten. Das Gefühl, man müsse die Angst nicht bekämpfen (da berechtigt und angemessen), wird intensiviert.

### „Die Beweise"

Der Betroffene sucht ständig nach Beweisen, die seine Angst rechtfertigen sollen. Tatsächlich wird er auch reichlich Material finden, das ihm zeigt, daß seine Angst berechtigt und diese Gefahr real und bedrohlich ist.

Kehren wir kurz zurück zu dem Beispiel der „Angst vor Hunden". Wir brauchen nicht lange auf die Suche zu gehen. Uns allen sind ausreichend „Beweise" aus den Zeitungen und Nachrichten bekannt, die wie die folgenden Meldungen aussehen:

- Tollwut geht um!
- Hundebesitzer bei Trennung kämpfender Hunde schwer verletzt
- Wütender Hund biß Kleinkind tot

... und so weiter. Es handelt sich sicherlich um wahre Ereignisse, die man aber unbedingt in realen Dimensionen sehen muß. Wegen dieser einzelnen Unfälle ist es nicht gerechtfertigt, zu Hause zu bleiben und sich einzuschließen, nur, damit uns kein Hund begegnen kann.

Es ist kinderleicht, eine entsprechende Beweiskette auch für andere Gefahren (Gefährlichkeit des Luftverkehrs) zu finden. Für einen Bericht über einen Unfall oder nahezu-Unfall im Luftverkehr werden immer die Titelseiten reserviert sein. Dabei spielt es keine Rolle, ob dieses Ereignis katastrophale Folgen hatte oder alle Passagiere überlebten (Notlandung bei Stockholm im Dezember 1991: Das Flugzeug brach in drei Teile. Alle Passagiere und Crewmitglieder überlebten.)

Ein Unfall im Luftverkehr bedeutet immer eine Katastrophe, da viele Menschen direkt oder indirekt betroffen sind. Obwohl pro Jahr dem Straßenverkehr viel mehr Menschen zum Opfer fallen, gilt ein Verkehrsunfall nicht als Katastrophe, da meist nur eine oder zwei Familien betroffen sind. Durch Meldungen von Verkehrsunfällen lassen sich keine Auflagensteigerungen erzielen.

An dieser Stelle ist vielleicht ein Vergleich berechtigt: Es müßte an jedem Tag im Jahr ein Jumbo-Jet mit allen Passagieren und Crewmitgliedern verunglücken, um die gleiche Anzahl an Opfern zu erreichen, die der Straßenverkehr weltweit fordert.

Filmemacher und Schriftsteller (Thomas Block, Eric Clark, Arthur Hailey, Alistair MacClean, Johannes Mario Simmel etc.) schwelgen in diesen Themen:

- Terrorismus im Luftverkehr
- technische Probleme der Motoren
- Gesundheitsstörungen der Piloten.

Im Film landet oft ein schweißgebadeter Amateur einen Jumbo-Jet nach vielen Horrormomenten, da die Cockpitcrew durch eine Lebensmittelvergiftung ausgefallen war. Um ein wirklich spannendes Filmmanuskript zu schreiben, verläßt der Filmbuchautor gern die Realität. In Wirklichkeit wäre diese Horrorsituation nicht möglich, da im Luftverkehr versucht wird, jeder möglichen Störung im Vorfeld zu begegnen. Kapitän und Co-Pilot essen während des

Fluges immer verschiedene Speisen. So ist gewährleistet, daß einer der Piloten in jedem Fall handlungsfähig bleibt. Lassen wir die Filmemacher und Schriftsteller ruhig weitermachen. Fliegerei und das Element Luft sind nun einmal fesselnd und für viele auch sehr spannend. Hätte der Mensch Flügel, wäre das Fliegen nicht reizvoller als Spazierengehen. Nur die Tatsache, daß der Mensch als Passagier nicht auf seine eigenen Fähigkeiten, sondern auf die Piloten vertrauen muß, gibt der Angst ausreichend Nahrung.

## Negative Gedanken

Der Einfluß negativer Gedanken auf unsere Emotionen und Handlungen wurde wissenschaftlich sehr häufig untersucht. Viele Studien haben herausgefunden, daß negative Einstellungen das Verhalten beeinflussen kann.

Beispiel: Eine Gruppe von Studenten bekommt häufig positive Rückmeldungen. Ihre Leistungen werden gelobt, daraufhin verbessert diese Gruppe ihre Leistungen weiter.

Eine zweite Gruppe von Studenten, die vor der Untersuchung genauso erfolgreich arbeitete wie die erste, bekommt nur negative Rückmeldungen und Tadel für ihre „nur mäßigen" Leistungen. Diese zweite Gruppe wird schon bald in ihren Leistungen schlechter sein als die erste Gruppe, da ihr Selbstbewußtsein stark angegriffen wurde. Ständige negative Rückmeldungen verändern das Selbstbild. Die Studenten glaubten zuletzt, daß ihre Leistungen nicht ausreichend seien. Diese Einstellung kann auch auf andere Bereiche des Lebens übergreifen und somit sehr negative Auswirkungen haben.

Negative Gedanken sind ein weiteres Werkzeug, um Angst hervorzurufen und sie langfristig aufrechtzuerhalten.

Beispiel: Ein Betroffener stellt sich vor, wie die Angst ihn überkommt und er sich mit ihr auseinandersetzen muß. Seine inneren Bilder liefern die Horrorszenarien der bevorstehenden Katastrophe in den wüstesten Farben und Tönen. Der Gedankenablauf einer Person, die unter Flugangst leidet, könnte folgendermaßen aussehen: Ich weiß, daß Unfälle in der Luftfahrt selten sind. Ich weiß auch, daß der Straßenverkehr viel gefährlicher ist. Ich bin mir aber ganz sicher, daß auf meinem Flug etwas nicht stimmt. Es kommt sicher zu einem Unfall. Ich werde verletzt werden und qualvolle Schmerzen aushalten müssen, bevor ich sterbe. Ich weiß, daß dies passieren wird. Meine Kinder werden elternlos aufwachsen müssen ...

Eigentlich ist es gar nicht schwer, diesen Kreis der negativen Gedanken zu durchbrechen. Wenn man wirklich will, geht es folgendermaßen: Einen Gedanken, der uns zu sehr belastet und sich immer wieder aufdrängt, unterbrechen wir durch ein lautes Kommando, indem wir „Stopp" rufen! Das heißt, wir unterbrechen diese Gedanken ganz bewußt. Ich empfehle, die Aufforderung noch durch eine kleine physische Strafe zu betonen: Ich lege ein kleines, gespanntes Gummiband um mein Handgelenk und lasse dies gleichzeitig mit dem Befehl „Stopp" auf meine Haut schnipsen. Danach atme ich ruhig ein und gründlich wieder aus. Gleichzeitig massiere ich mein Handgelenk an der Stelle, an der ein leichter roter Streifen zu erkennen ist.

Sie haben es sicherlich gemerkt: Diese Umstellung versetzt mich auf eine andere Ebene. Ich denke nun an mein Handgelenk und bin aus meiner Schwarzseherei bewußt ausgestiegen. Mit Hilfe dieser Methode können wir eine freie

Leerstelle in unseren Gedanken schaffen und diese sofort mit anderen angenehmen Gedanken füllen:

- einen Freund oder eine Freundin anrufen
- Lieblingsmusik anhören
- Entspannungsübungen machen
- oder ganz einfach sich selbst belohnen, wenn diese Unterbrechung erfolgreich war.

Denken Sie daran, jedes Gelingen wird Sie und Ihr Selbstbewußtsein stärken!

Diese Methode sollte mehrmals zu Hause geübt werden, damit sie auch funktioniert, wenn sie gebraucht wird. Später muß man nicht mehr laut „Stopp" rufen – es genügt, das Wort „Stopp" bewußt in Gedanken auszusprechen. Es kommt bei dieser Übung vor allem darauf an, zu erleben und zu wissen, daß wir etwas verändern können, wenn wir dies wirklich wollen.

Mit dieser Gedanken-Stopp-Methode in Zusammenhang mit dem Gummiband habe ich mir das Rauchen abgewöhnt. Bei jeder Gelegenheit, bei der ich an den Genuß einer Zigarette dachte oder rauchen wollte, ließ ich das Gummiband schnipsen und sprach in Gedanken das Wort Stopp aus. Bereits nach zwei Tagen konnte ich das Gummiband und die restlichen Zigaretten wegwerfen.

Es existiert noch eine zweite Methode, mit der sich negative Gedanken und Vorstellungen beeinflussen lassen. Besonders für Menschen, die bereits viele Jahre mit ihrer Angst leben, kann es schwierig sein, Realität und Vorstellungen auseinanderzuhalten. Die Kraft der Gefühle kann so gewaltig sein, daß man die eigenen Vorstellungen für real hält. Die Person fragt sich, ob gewisse Gegebenheiten wirklich wahr sind oder ob sie von ihrer Phantasie produziert wurden. In einem solchen Fall sollte diese Person ihre Vorstellungen wie ein Bild umrahmen und diesem Rahmen eine Farbe zuordnen. Später, wenn diese angstauslösenden Gedanken überhand nehmen, lassen sich die umrahmten Vorstellungen leichter von den realen Gegebenheiten unterscheiden. Diese angstauslösenden Gedanken sind dann nicht mehr so belastend.

### Generalisierung

Die Generalisierung der Angst, d. h. ihre Ausbreitung in ähnliche Situationen oder Sachverhalte wurde schon behandelt. Vollständigkeitshalber will ich bei der Betrachtung, welche Faktoren die Angst aufrechterhalten oder auslösen können, noch einmal darauf eingehen.

Die Vermeidung von angsterzeugenden Situationen läßt zwar im entsprechenden Moment bei dem Betroffenen eine Erleichterung verspüren, führt jedoch dazu, daß er die Angst in seinen Gedanken und Vorstellungen herbeiführt und somit löst nicht nur die reale Situation Angst aus, sondern bereits die Vorstellung an eine solche Situation wird bedrohlich. Angst wird daher durch Vermeidung verstärkt und nun auch in Situationen erlebt, die nur entfernt etwas mit der angsterzeugenden Situation zu tun haben. Die Folge ist, daß Angst nun immer häufiger auftritt und weitaus seltener vermieden werden kann.

Beispiele:
- Ich fürchte mich vor dem Hund des Nachbarn – auch andere Hunde werden nun Angst verursachen.

- Ich habe Angst vor Gewitter und Blitzen – auch ein Film mit Gewitter macht mir bereits Angst.
- Ich habe Angst vor einer Zahnarztbehandlung – ich vermeide auch andere Ärzte, die mir eine Zahnbehandlung vorschlagen könnten.
- Ich habe Angst vor dem Fliegen – auch ein Flugzeugmodell oder Fluggeräusche machen mir bereits Angst.

Um unsere Ängste akzeptieren zu können, müssen wir erst einmal zugeben können, daß wir Ängste besitzen. Wir sind gezwungen, uns ihnen zu stellen und uns mit ihnen auseinanderzusetzen. Sonst wird ein Teil unseres Lebens und unsere Freiheit durch die Angst soweit eingeschränkt, daß wir nicht mehr frei wählen können.

### Sympathie

Manchmal hat Angst auch positive Auswirkungen auf unser Leben. Angst kann somit auch zu einem angenehmen Begleiter werden. Es gibt Situationen, in denen man sich gern hinter seiner Angst versteckt oder für sein ängstliches Verhalten sogar belohnt wird. Ein Mensch, der unter Mangel an Aufmerksamkeit leidet, wird wegen seiner Angst stärker beachtet. Ehepartner und Menschen, die es gut mit einem meinen, Angehörige oder Arbeitskollegen akzeptieren manchmal Angst, ohne viel zu fragen. Sie trösten den Ängstlichen und geben ihm Mitgefühl. Sie ermutigen ihn, weiterhin Angst zu haben und diese auch zu zeigen. Freundliche Kollegen sind gerne bereit, Flugreisen zu übernehmen, um so das Berufsleben eines Kollegen, der unter Flugangst leidet, zu erleichtern. Die betroffene Person wird ihren Reisestreß und viele brenzlige geschäftliche Verhandlungen somit los. Weil er sich dieser Gefahr aber nicht aussetzt, wird seine Angst verstärkt.

Einmal hatten wir einen freundlichen und sympathischen Teilnehmer auf einem Flugangstseminar, dessen Berufsleben wie oben geschildert verlaufen war. Ein Kollege übernahm seine Flugreisen und er wurde allgemein mit seiner Flugangst akzeptiert.

Allerdings wollte dieser Geschäftsmann beruflich weiterkommen und befand sich nun in einer Zwickmühle. Er konnte dieses Ziel nur dann erreichen, wenn er sich selbst ins Flugzeug traute. Dieser Herr fragte schon am Anfang des Seminars, warum er wohl „Angst davor habe, daß er keine Angst mehr habe."

Er erhielt so viel Sympathie und Vorteile aufgrund seiner Flugangst, daß er sich nun ängstigte, diese Vorteile aufgeben zu müssen. Würde er seine Angst überwinden, wäre er kein „Sonderfall" mehr, sondern müßte genauso effektiv arbeiten wie die anderen auch. Hier entstand eine echte Konfliktsituation. Auf der einen Seite stand das berufliche Fortkommen, auf der anderen Seite die Angst vor neuen Herausforderungen und der Verlust an Aufmerksamkeit durch die Kollegen.

Mitgefühl und Verständnis sind adäquate Verhaltensweisen in diesem Fall. Sie dürfen uns aber keine Vorteile oder Vergünstigungen verschaffen; andernfalls wird die Angst zu einer angenehmen Begleiterscheinung, die wir nicht mehr missen möchten.

Ein zweites Beispiel:
Eine Seminarteilnehmerin um die 30, Mutter von zwei Kindern, hatte bereits zum Zeitpunkt der Eheschließung

leichte Angstgefühle beim Fliegen. Sie konnte diese aber soweit kontrollieren, daß sie sowohl während ihrer Hochzeitsreise flog, als auch ihren Mann mehrmals auf Geschäftsreisen begleitete. Während dieser Flüge hielt ihr Mann ständig ihre Hand. Die Frau kam solange zurecht, solange sich ihr Mann um sie kümmerte. Während der Phase des Kinderkriegens unternahm die Familie für einige Jahre keine Flugreisen mehr. Nach der Geburt des zweiten Kindes wollten sie aber die Schwester unserer Seminarteilnehmerin in Amerika besuchen. Nun hatte sich die Konstellation grundlegend geändert. Der Mann hatte den Älteren auf dem Schoß, die Mutter den Jüngeren. Bereits vor dem Start fühlte sich die Frau unwohl, Schweißperlen bildeten sich auf ihrem Gesicht. Das Baby begann zu schreien. Die Mutter wurde von heftiger Angst überfallen. Der Mann konnte sich nun nicht seiner Frau widmen, da er das schreiende Baby beruhigen mußte, während sich das ältere Kind deshalb ärgerte. Die Frau bekam eine panische Angst, da sie auf allen vorherigen Flugreisen eine „Sonderstellung" gewohnt war und diese ihr jetzt verweigert wurde. Außerdem wurde sie gezwungen, sich um ihr Baby zu kümmern, das ihre eigenen Wünsche nicht respektierte. Nach dieser Amerikareise war sie bis zu unserem Seminarabschlußflug viele Jahre nicht mehr in der Lage gewesen zu fliegen. Sie kam auf diesem Flug gut zurecht, nachdem sie vorher die auslösenden Faktoren ihrer Angst kennengelernt und diese durch Entspannungsmethoden aktiv bekämpft hatte.

## 2 FLUGANGST – AVIAPHOBIE

In einer repräsentativen Umfrage hat das Institut für Demoskopie Allensbach 1995 festgestellt, daß 15% der Befragten unter Flugangst litten. 20% der Befragten gestanden keine direkte Angst, aber doch ein deutliches Unbehagen beim Fliegen. Anders ausgedrückt empfindet mehr als jeder dritte (35%) Angst oder Unbehagen im Flugzeug. Eine schwedische Untersuchung definierte die Angstintensität unterschiedlich, kommt aber zu einem ähnlichen Gesamtergebnis: 8% der Befragten hatten eine sehr intensive bis panische Angst vor dem Fliegen und 28% eine leichte Angst; insgesamt 36% litten also unter einer leichten bis panischen Angst beim Fliegen.

Flugangst ist keine Krankheit, sondern ein normales Gefühl, das akzeptiert werden soll. Von manchen Menschen wird diese Angst allerdings extrem stark erlebt, wenn man die Bedrohlichkeit der Situation betrachtet. Es handelt sich hier um eine überzogene Reaktion, die man unter Kontrolle bringen kann. Durch Vermeidung des Fliegens kann das Problem nicht beseitigt werden, da der Mensch seine Entscheidungsfreiheit verliert, wenn er sich diesen gewissen Situationen nicht stellt und ausliefert. Nur durch die direkte Auseinandersetzung mit der angstauslösenden Situation können wir unsere Erlebniswelt verändern und Maßnahmen erlernen, die uns helfen, die Selbstkontrolle zu verbessern. Diese Selbstkontrolle im Zusammenhang mit neu erlerntem Wissen führt zur Kontrolle über die Angst.

Die gefährliche Situation verliert durch diese Maßnahmen an beängstigender Qualität. Es ist wichtig zu wissen, daß jede Person unter bestimmten Umständen und Situationen sensibilisiert werden kann. Jede Sensibilisierung (Angst) kann allerdings auch wieder verlernt werden.

Flugangst kann sehr unterschiedlich erlebt werden. Viele fürchten sich bereits eine Woche vor dem Flug, verlieren ihren Appetit und weigern sich, Reisevorbereitungen zu treffen. Andere werden erst am Flughafen unruhig. Bei wiederum anderen tritt Angst erst auf, wenn sie das Flugzeug betreten oder sich anschnallen. Oft besteht die Angst auch vor einer bestimmten Flugphase, meistens vor dem Start oder der Landung. Es gibt allerdings auch die Möglichkeit, daß Angst von äußeren Faktoren abhängt: Flug durch Turbulenzen, Nachtflug oder wenn das Flugzeug voll besetzt oder umgekehrt, wenn es nur gering besetzt ist.

In meiner empirischen Untersuchung über die Bedingungen der Flugangst (1978) habe ich Situationen und Faktoren herausgearbeitet, die diese Angst auslösen können. An der Untersuchung haben 80 Personen teilgenommen, die Hälfte von ihnen bekannte sich zur Flugangst. Es ist bemerkenswert, daß manche der untersuchten Situationen auch denjenigen Passagier beunruhigen, der nicht unter Flugangst leidet. In Tabelle 1 steht AG für die Versuchsgruppe mit Flugangst, KG steht für die Kontrollgruppe ohne Flugangst. Der Prozentsatz unter AG bzw. KG zeigt, wieviel Prozent der jeweiligen Gruppe in der aufgeführten Situation Angst verspürt.

| SITUATION | AG | KG |
|---|---|---|
| 1. Der Flug verspätet sich ohne Angabe von Gründen | 55% | 35% |
| 2. Schlechtes Wetter | 75% | 45% |
| 3. Unbekannte Geräusche beim Fliegen | 80% | 47% |
| 4. Fliegen ohne bekannte Begleitperson | 30% | 17% |
| 5. Wenige Fluggäste | 35% | 12% |
| 6. Die Fluggesellschaft, mit der geflogen werden soll | 62% | 52% |
| 7. Flugzeugtyp | 50% | 60% |
| 8. Nachrichten über Terrorismus, Flugzeug-Entführung | 27% | 12% |

Tabelle 1

Außerdem hatte ich untersucht, ob es auf Tagesflügen oder Nachtflügen hinsichtlich der Flugangst Unterschiede gibt. Diese Ergebnisse waren statistisch nicht signifikant, d. h., es gab keine nachweisbaren bedeutende Unterschiede.

Ich hatte auch die Intensität der Angst in unterschiedlichen Zeit- und Flugphasen untersucht. Diese wurden mit „Angstpunkten" von 0–100 bewertet (0 = keine Angst; 100 = extreme Angst).

In Tabelle 2 werden die Graduierungen der Angstzustände beider Gruppen verglichen. Die Zahlen geben die entsprechenden „Angstpunkte" an.

Beide Gruppen geben Start und Landung die höchsten Punktwerte. Allerdings besteht ein deutlicher Unterschied in der Intensität der erlebten Angst.

| SITUATION | AG | KG |
|---|---|---|
| 1. einen Tag vor dem Flug | 20 | 2 |
| 2. in der Nacht vor dem Flug | 25 | 5 |
| 3. am Flughafen | 30 | 6 |
| 4. beim Betreten des Flugzeuges | 35 | 6 |
| 5. beim Anschnallen und Warten auf den Start | 40 | 10 |
| 6. beim Starten der Triebwerke | 40 | 10 |
| 7. während des Startes | 60 | 20 |
| 8. während des Fluges | 50 | 10 |
| 9. beim Anschnallen zur Landung | 50 | 10 |
| 10. während der Landung | 55 | 18 |
| 11. bei der Abfahrt vom Flughafen | 10 | 2 |

Tabelle 2

In dieser Untersuchung wurde außerdem herausgefunden, daß Meldungen der Medien über Unfälle im Luftverkehr die Flugbereitschaft von ängstlichen Personen deutlich vermindern. Für die Kontrollgruppe hatten diese Meldungen keine Bedeutung. 13 der untersuchten 80 Personen berichteten, daß sie nicht mehr fliegen. Sie gehörten alle zur Angstgruppe. Weltweit gesehen entsteht den Fluggesellschaften durch die Flugangst ein Millionenverlust, wenn man allein die nicht verkauften Tickets berücksichtigt.

Ich konnte in dieser Untersuchung deutlich feststellen, daß sich das Verhalten des fliegenden Personals darauf auswirkt, wie sich der Fluggast an Bord aufgehoben fühlt. Ansagen aus dem Cockpit und Informationen an die Fluggäste sind ein wichtiger angstreduzierender Faktor. Beide untersuchten Gruppen gaben an, das Verhalten des fliegenden Personals genauer zu beobachten, falls sie sich wegen eines unklaren Zustandes (z. B. Geräusch) Sorgen machen: Angst-Gruppe 62%, Gruppe ohne Angst 40%. Die Eile und der Streß der Flugbegleiter übertragen sich leicht auf die Gäste. Besonders Passagiere mit Flugangst deuten ein ernstes angespanntes Gesicht leicht als Alarmzeichen und sehen ihre Sicherheit in Gefahr.

Wer leidet unter Flugangst?
Flugangst ist nicht das Problem irgendeiner bestimmten Gruppe von Menschen. Unabhängig von Alter, Geschlecht, Ausbildung oder Beruf kann sie jeden treffen. Sie ist nicht unbedingt von Flugerfahrung abhängig. Menschen, die noch nie geflogen sind, leiden genauso unter Flugangst wie Menschen, die bereits viel geflogen sind. Ein Mensch kann auch Flugangst entwickeln, nachdem er bereits Hunderte problemloser Flüge hinter sich hat. Auch ein Mensch, der als Privatpilot selbst kleine Flugzeuge oder Segelflugzeuge steuert, kann an Bord eines Verkehrsflugzeuges plötzlich von Flugangst befallen werden. Natürlich sind die Hintergründe und Ursachen der Angst in allen genannten Fällen sehr unterschiedlich. Wie alle Ängste tritt auch Flugangst in sehr unterschiedlichen Ausprägungen auf. Die selbe Person kann sich von Flug zu Flug durchaus anders fühlen. Die Fluggesellschaft, die Dauer der Flugreise, das Verhalten des Personals, Flugzeugtyp und -größe, die eigene Lebenssituation und der Zweck der Flugreise sind alles Faktoren, die die Ausprägung der Angst beeinflussen. Die Intensität von Flugangst reicht von einer leichten unangenehmen Erregung bis hin zur Phobie. Unabhängig von der Intensität des erlebten Gefühls wird in diesem Buch nur Flugangst behandelt. Jede Angst ist zu überwinden!

Kinder haben meistens keine Angst vor dem Fliegen. Sie begegnen neuen Situationen mit Neugier. Jedoch können Kinder Flugangst aus Filmen oder Büchern, die von Flugabenteuern handeln, im Sinne des Modellernens übernehmen oder im Elternhaus von den familiären Verhaltensweisen lernen.

### Welche Folgen hat Flugangst?

Flugangst kann das Leben auf verschiedenste Art und Weise erschweren. Menschen, die beruflich fliegen müssen oder im Beruf weiterkommen wollen und unter Flugangst leiden, geraten in eine schwierige Situation. Ihre Gedanken und ihre Gefühlswelt verhalten sich wie Feuer und Wasser. Auf der einen Seite haben sie den Wunsch und das Bedürfnis, Neues zu erleben und weiterzukommen, auf der anderen Seite jedoch herrscht die Angst.

Auch Schwierigkeiten im Privatleben können durch Flugangst entstehen. Wenn ein Familienmitglied sich weigert zu fliegen, kann es vor jedem Urlaub zu schweren Auseinandersetzungen kommen. Auch das Selbstwertgefühl kann in Mitleidenschaft gezogen werden. Die Person kann nicht frei wählen, sie fühlt sich schwächer und schlechter als die Mitmenschen, da sie auf neue Erlebnisse verzichten muß.

Flugangst kann die unterschiedlichsten Ursachen haben. Manchmal handelt es sich um prägende Kindheitserfahrungen, an die man sich aber häufig kaum oder gar nicht erinnern kann. Andererseits aber kann es einen einzigen, klar erkennbaren Grund geben, den der Betroffene auch genauestens kennt. Trotzdem aber kann er seine Angst nicht kontrollieren.

**Angst aufgrund mangelnder Informationen**

Eine 50jährige Frau hat vor nicht allzu langer Zeit ihren Mann verloren. Nun möchte die Tochter mit ihrer Mutter in die Ferien fliegen. Die Mutter ist noch nie geflogen und gerät in eine Konfliktsituation. Sie möchte gern mit ihrer Tochter in den Urlaub fliegen, andererseits hat sie große Bedenken. Sie kann nicht verstehen, warum die tonnenschweren Maschinen überhaupt fliegen und nicht herunterfallen wie ein Stein. Was hält sie in der Luft? Kann man im Flugzeug normal atmen? Was passiert alles während des Fluges, wie soll man sich verhalten?

Hier handelt es sich um die Angst vor Unbekanntem. Solch eine Angst haben häufig Personen, die selten oder noch nie geflogen sind.

Ihre Unsicherheit ist verständlich. Begibt man sich mit Hilfe eines technischen Gerätes in ein Element wie Luft, in dem der Mensch sich allein nicht aufhalten kann, ist es eigentlich kein Wunder, daß man aufgeregt ist. Viele sinnvolle Verfahren und Abläufe existieren in der Verkehrsfliegerei, die ein Passagier zunächst nicht erkennt und nicht versteht. Eine Verspätung des Abfluges wird ihn bereits übermäßig beschäftigen. Hat die Maschine einen technischen Fehler? Warum gibt das Personal keine Auskunft?

Die Beschleunigung auf 250 bis 300 Stundenkilometer auf der Startbahn und das Abheben sind seltsame Erlebnisse für einen Erstflieger. Sitzt man in einem Sessel, fühlt man das eigene Gewicht in der Sitzmuskulatur. In einem abfliegenden Flugzeug drückt die Beschleunigung den Körper gegen die Rückenlehne. Man spürt sein Körpergewicht im Rücken und kann sich vorstellen, man sitze in einer Rakete, die senkrecht nach oben steigt. Dieses Gefühl wird noch verstärkt, wenn man die Augen schließt. Der Steigwinkel beträgt allerdings nicht mehr als 18 Grad.

Beim Start sind viele verschiedene Geräusche zu hören. Das Fahrgestell wird in den Rumpf eingefahren. Bei Kurven kurz nach dem Start kann der unerfahrene Passagier das Gefühl bekommen, daß die Maschine seitlich umkippt. Ein Flugzeug wird in diesen Kurven aber höchstens eine passagierfreundliche Neigung von 25 Grad ausführen.

In den siebziger Jahren ließ eine amerikanische Fluggesellschaft im Cockpit eine Fernsehkamera installieren, um alle Bewegungen der Piloten in die Kabine zu übertragen. So konnten die Passagiere auch den Landeanflug und das Aufsetzen mitverfolgen. Landungen können sehr unterschiedlich verlaufen. Mal sind sie so weich, daß man noch unsicher ist, ob man überhaupt gelandet ist. Mal verlaufen sie härter. Für Piloten verläuft eine Landung, anders als für den Passagier, nur dann optimal, wenn er genau an der Stelle aufsetzt, die er im Landeanflug ausgewählt hat. Dafür darf das Aufsetzen ruhig ein wenig härter sein. Passagiere beurteilen ihre Piloten eher nach dem Grad der Sanftheit des Aufsetzens. Härter ist oft besser, da die Maschine so schneller in einen stabilen Kontakt mit der Landebahn kommt und der positive Stoß zum Ausfahren der Bremsklappen und zur Aktivierung des Antiskid-Systems führt.

Ein unerfahrener Fluggast macht sich auch Gedanken, was wohl passieren würde, wenn jemand beim Gang zur Toilette aus Versehen die Kabinentür während des Fluges öffnet. Es ist unmöglich, diese Türen während des Fluges zu öffnen. Aufgrund der Druckverhältnisse in der Kabine werden die Türen so gegen den Rumpf gepreßt, daß sie sich während des Fluges nicht öffnen lassen.

Manchmal beklagen sich Fluggäste, daß sie durch die strengen Sicherheitsvorkehrungen (Durchleuchten und Untersuchen des Gepäcks, Demonstration von Schwimmwesten und Sauerstoffmasken) regelrecht daran erinnert werden, daß Fliegen mit Gefahren verbunden ist und dadurch werden sie erst recht unruhig.

Wir müssen dieses negative Gedankenmuster in ein positives verändern. Die gesamte Flugzeugbesatzung ist zur Aktionsbereitschaft ausgebildet worden, egal von welcher Gefahr sie und die Fluggäste bedroht werden. Durch die Demonstration der Sicherheits- oder Rettungsmaterialien wird die Sicherheit maximiert: Fluggäste sollen wissen, was von ihnen erwartet wird und wie sie handeln müssen, falls es zu einer Gefahren- oder Ausnahmesituation kommen sollte. So wird viel Zeit gespart; alle wissen schon vorher, wo es langgeht. In diesem Zusammenhang ist es wichtig, daran zu erinnern, daß der weltweite Luftverkehr jährlich etwa Tausend Opfer fordert. Unversehrt erreichen ihr Reiseziel dagegen über 1 Milliarde Flugzeugpassagiere pro Jahr!

Fühlt sich der Reisende unsicher und erregt, muß er sich in die Maschine trauen, um die Angst zu verarbeiten. Er soll dies aber nicht unvorbereitet tun. Der Passagier braucht zuerst einmal genügend fundiertes Wissen über das Fliegen und über die Möglichkeiten, seine Gefühle zu kontrollieren. Ein Flugangstseminar soll nicht heilen, sondern die Möglichkeiten des Menschen verfügbar machen.

## Traumatische Erlebnisse

Eine junge, europäische Studentin verliebte sich in den Ferien in einen amerikanischen Studenten. Sie flog in der Folgezeit zwei- bis dreimal im Jahr nach New York und freute sich auf ihre schönen Reisen und die Treffen mit ihrem amerikanischen Freund.

Im Dezember 1988 plante eine ihrer Freundinnen ebenfalls eine Flugreise in die USA, machte sich aber Sorgen wegen der langen Reise und bekam Flugangst. Die Studentin beruhigte ihre Freundin und erzählte von ihren eigenen, nur positiven Flugerlebnissen. Daraufhin beschloß die Freundin zu fliegen – und bestieg die Boeing 747 der Pan Am, die in der Nähe von Lockerbie in die Luft gesprengt wurde.

Die Einstellung unserer Studentin änderte sich daraufhin schlagartig. Der Tod ihrer Freundin und der anderen Opfer veränderten ihre Einstellung zum Fliegen grundsätzlich. Auf ihrem nächsten Flug nach New York konnte sie sich nicht mehr entspannen. Sie konzentrierte sich genauestens auf das Fluggeschehen und die verschiedensten Geräusche. Auch der Versuch, mit Hilfe von Alkohol Ruhe zu bekommen, half nichts. Fliegen wurde für sie unerträglich. Um nicht mehr fliegen zu müssen, brach sie ihre Beziehung zu ihrem amerikanischen Freund ab. Allerdings wurde sie hierdurch nicht glücklicher. Sie vermißte ihn und das ihr verlorengegangene Gefühl von Freiheit.

Obwohl solche verheerenden Flugzeugkatastrophen sehr selten sind, sind sie mit vielen menschlichen Tragödien verbunden, so daß schon eine indirekte Beziehung zu einem Unfall genügt, eine intensive Angst zu erzeugen. In diesem Fall war der Verlust sehr konkret: Der Tod der Freundin.

In einer Situation wie dieser erfährt der Mensch, was Angst bedeutet: Die traumatischen Erlebnisse lassen ihn nicht mehr zur Ruhe kommen. Jede neue Flugreise kann die

Schreckensbilder wieder in das Bewußtsein rufen. Ein angstauslösendes Erlebnis muß nicht unbedingt so ausgeprägt und erschütternd sein, wie in unserem Bespiel. Bereits ein sehr turbulenter Flug kann schon Angst auslösen. Dieser muß nicht einmal persönlich erlebt worden sein. Angst kann auch durch mitgeteilte Erfahrungen anderer oder durch übertriebene Reiseberichte entstehen. Manchmal färbt ein Erstflieger seine Erfahrungen derart, daß der Zuhörer zu der Einstellung gelangt, daß es eine Heldentat gewesen sein muß, diesen Flug zu überleben.

Ein traumatisches Erlebnis kann auch bei normalen Flugmanövern, die man vorher noch nie erlebt hat, auftreten. Besonders das Durchstarten (Go-around) kann Angst erzeugen. Hierbei befindet sich das Flugzeug bereits in Landekonfiguration (Fahrwerk und Klappen sind ausgefahren) und nicht mehr weit von der Landebahn entfernt. Der Passagier hört die Triebwerke laut aufheulen und gleichzeitig wird er in seinen Sitz gepreßt. Das Flugzeug startet, statt zu landen, noch einmal und dies ist auch deutlich zu hören am Einfahren des Fahrwerks.

Als Fluggast ist man zunächst erschrocken, denn man hatte den Kontakt des Fahrgestells mit der Landebahn erwartet und nicht einen schnellen Steigflug. Das Durchstartmanöver ist ein normales Verfahren, das manchmal aus Sicherheitsgründen durchgeführt wird: Bei schlechtem Wetter ist die Sicht nicht ausreichend oder das vorher gelandete Flugzeug hat die Bahn nicht entsprechend schnell verlassen. Der Steigflug folgt einem festgelegten Procedere bis zu einer Warteschleife, in der die Piloten auf eine erneute Anflugerlaubnis warten.

Der aufgeschreckte Passagier wäre froh, wenn er gleich bei Beginn eine Information über die Notwendigkeit des Durchstartmanövers aus dem Cockpit bekommen könnte. Diese Flugphase erfordert jedoch sehr viel Aufmerksamkeit von den Piloten, so daß meist erst nach einigen Minuten die Passagiere über den Grund des Durchstartens benachrichtigt werden.

Eine angsterzeugende, traumatische Erfahrung muß aber nicht direkt mit dem Fliegen zu tun haben, um Flugangst zu hervorzurufen. Als Beispiel dient die Geschichte einer 55jäh-rigen Seminarteilnehmerin, die mit einem Geschäftsmann verheiratet war und ihn häufig auf seinen Reisen begleitete. Beide waren bereits hunderte Male geflogen und hatten diese Reisen sehr genossen. Flugangst kannten sie nicht.

Die Eltern unserer Seminarteilnehmerin flogen nun in den Ferien nach Malta. Während dieses Urlaubs verstarb der Vater an einem Herzinfarkt. Unsere Seminarteilnehmerin mußte daraufhin nach Malta fliegen, um ihrer Mutter beizustehen und verschiedene Dinge zu regeln.

Der Flug auf die Insel war ruhig und verlief perfekt. Trotzdem empfand sie diese Reise als ein bedrückendes Erlebnis. Sie trauerte um ihren Vater, dachte aber auch an die alte Mutter, die betrübt und depressiv war. Unterwegs fühlte sie panische Angst und mußte erbrechen. Durch die große Trauer wurde die Flugreise zu einer unüberwindlichen, negativen Erfahrung. Auf dem Flug wurde ihr klar, daß sie aus ihrem eigenen Leben genauso wenig aussteigen konnte, wie sie während des Fluges auch im Flugzeug gefangen war. Der Rückflug mit ihrer Mutter verlief genauso bedrückend. Seither weigerte sich unsere Seminarteilnehmerin zu fliegen.

Später starb auch ihr Mann. Sie fühlte sich, als lebe sie auf der Schattenseite, wenn sie ihr jetziges Leben mit ihrem früheren verglich. Ihre Freundinnen ermutigten sie, ein Flugangstseminar zu besuchen. Dort machte sie sich erstmals Gedanken über die Hintergründe ihrer Angst. Auch wenn es für sie anstrengend war, konnte sie langsam verstehen, woher ihre Angst kam. Es kostete viele Tränen, mit dem Tod des Vaters und des Ehemannes konfrontiert zu werden. Später auf unserem Seminarabschlußflug nach Kopenhagen flossen erneut Tränen – diesmal allerdings Freudentränen. Sie war glücklich, wieder fliegen zu können und ihre Probleme verarbeitet und überwunden zu haben.

In vielen Seminaren habe ich Teilnehmer kennengelernt, die zwar anfangs keine Erklärung für ihre Angst hatten, die aber sofort eine Übereinstimmung oder Ähnlichkeit mit dem oben geschilderten Fall fanden. Es ist gar nicht selten, daß Flugangst zum ersten Mal auf dem Weg zur Beisetzung eines nahen Verwandten erlebt wird. Ähnlich kann es jemandem gehen, der gezwungen ist zu fliegen und zu verreisen, sich aber Sorgen um ein krankes Familienmitglied macht, das zu Hause bleiben muß.

## Streß

Angst und Streß haben vieles gemeinsam, wie wir bereits gesehen haben. Stellen wir uns die Situation eines Geschäftsmannes vor, der immer in Eile ist und kaum Zeit für seine Familie, geschweige denn für sich selbst hat. Er ist verantwortlich für den Erfolg seines Betriebes. Nun fliegt er nach Frankfurt, um einen Vertrag auszuhandeln, der über die Zukunft seiner Firma entscheiden wird.

Im Flugzeug ist er sehr nervös und spannungsgeladen, hat keinen Appetit, raucht eine Zigarette nach der anderen und bestellt sich mehrere Cognacs. Sein Herz beginnt zu rasen, er fühlt eine unangenehme Enge und möchte am liebsten raus aus dem Flugzeug, um dieser ganzen Situation zu entkommen. Seine reale Wahrnehmung wird durch die Wirkung des Alkohols weiter eingeschränkt. Er fühlt sich vollkommen erledigt. Den Grund für sein Unwohlsein sieht unser Geschäftsmann im Fliegen, anstatt in seinen eigenen Lebensumständen einmal genauer zu suchen.

Ein zweites Beispiel, das den Zusammenhang zwischen Streß und Flugangst verdeutlicht:

Ein 42-jähriger Betriebswirt arbeitet sehr erfolgreich als Geschäftsführer und führt als Junggeselle ein aufregendes Leben mit vielen Herausforderungen, die er auch genießt. Er ist ehrgeizig und verfolgt hochgesteckte Ziele. Sein Leben besteht aus Arbeit, vielen Zigaretten und wenigen entspannenden Hobbys. Im Dezember 1991 muß er geschäftlich nach Paris fliegen. Das Ticket ist schon in seiner Tasche, aber wegen vieler unerledigter Aufgaben in seinem Büro fährt er zu spät los. Um sein Flugzeug doch noch zu erreichen, überschreitet er alle Geschwindigkeitsbegrenzungen. In der Eile hat er nicht gemerkt, daß die Straßen vereist sind. Er gerät ins Schleudern und verursacht einen Totalschaden seines Fahrzeuges. Wie durch ein Wunder bleibt er unverletzt. In seinem Fall bewährte sich das bekannte Klischee: „Das gefährlichste an einer Flugreise ist die Fahrt zum Flughafen."

Nach diesem Unfall kauft er sich ein neues, schnelles Auto und setzt sich mit der gleichen Selbstverständlichkeit sofort wieder hinter das Steuer. Er weigert sich jedoch, erneut zu fliegen. Er macht den Flug nach Paris und das Fliegen an sich für seinen Unfall verantwortlich. Durch seine Weigerung zu fliegen ändert sich sein Leben drastisch. Verhandlungen im Ausland muß er delegieren und spielt beruflich somit nur noch „die zweite Geige".

In unserem Leben können sich sehr viele Dinge in Stressoren verwandeln: Ein Kind kann im Kindergarten oder in der Schule Streß bekommen, ein Jugendlicher aufgrund von Verboten seiner Eltern oder Lehrern, ein Student leidet an Prüfungsstreß, Eltern bekommen Streß wegen Erziehungsproblemen oder finanziellen Schwierigkeiten.
Da Streß für unseren Organismus schädlich ist und zu psychischen und physischen Störungen führen kann, ist es, wie in den zwei geschilderten Beispielen der Fall war, nur natürlich, daß auch Angst durch Streß verursacht werden kann.
Um unangenehmen Streß bei Reisen zu vermeiden, sollte man alle Vorbereitungen rechtzeitig treffen, so daß man die Reise oder den Urlaub von Anfang an genießen kann.

### Reisestreß
Reisen und die entsprechenden Vorbereitungen können Streß verursachen:

- Der Urlaub hat noch nicht begonnen und alle Reisevorbereitungen müssen neben den beruflichen Verpflichtungen erledigt werden.
- Warten ist frustrierend und stressig; wenn das Taxi oder der Bus nicht kommen, die Abfahrt oder der Abflug sich aus unbekannten Gründen verzögern. Je länger der Reisende warten muß, desto nervöser und frustrierter wird er.

- Wenn man es „eilig" hat und ein anderer sich in der Reihe vordrängt, kann man einen Wutanfall bekommen.
- Auf dem Flughafen sind viele Menschen. Es gibt Gedränge, man muß Schlange stehen, Koffer schleppen, man wird gedrängt und geschubst.
- Die Reiseabfertigung (check-in) dauert eine gewisse Zeit – und wenn man spät ankommt und nun auch noch Schlange stehen soll, wird man nervös.
- Ein krasser Klimawechsel streßt den Körper zusätzlich. Leicht kann es passieren, daß man durch Flüge ein Temperaturunterschied von 40 bis 50 °C erleben kann.
- Ein Flug über mehrere Zeitzonen (von Europa nach Amerika oder Asien) ist für jeden anstrengend. Flüge über mehrere Zeitzonen belasten unseren Organismus, da wir unsere innere Uhr nicht so schnell daran anpassen können. Die daraus entstehenden körperlichen Symptome werden auch Jetlag genannt.

Die Gewöhnung an den neuen Tag-Nacht-Rhythmus kann mehrere Tage in Anspruch nehmen. Bei acht Zeitzonen rechnet man etwa eine Woche, bis der Rhythmus wieder normalisiert ist. Für einen Geschäftsreisenden, der nur kurz am Zielort bleibt, empfiehlt es sich, den gewohnten Rhythmus beizubehalten. Ein Urlaubsreisender sollte sich schon zu Hause auf die Rhythmusänderung vorbereiten. Er soll entsprechend seinem Reiseziel eine Stunde früher oder später zu Bett gehen. Die Länge der Nachtruhe soll nicht verändert werden. Man muß also entsprechend eine Stunde früher oder später aufstehen. Auch die Mahlzeiten sollten entsprechend der neuen Zeit eingenommen werden.

Zur Umstellung der inneren Uhr bei Flügen über mehrere Zeitzonen haben sich folgende Methoden bewährt: Auf Alkohol während des Fluges verzichten und reichlich Wasser trinken. Am Zielort möglichst lange und viel Tageslicht genießen.

Einschlafschwierigkeiten, die sich durch die Umstellung an den neuen Tag-Nacht-Rhythmus ergeben, lassen sich mit Entspannungsübungen beheben. Diese Entspannungsübungen sollen gemacht werden, wenn man von Müdigkeit überfallen wird. Nach einer 30-minütigen psychischen und physischen Entspannung fühlt man sich erfrischt wie nach einem Mittagsschlaf.

### Tips zur Vermeidung von Reisestreß

- Reisevorbereitungen rechtzeitig und in Ruhe treffen. Informationen zum Reiseziel besorgen, Reiseführer mit Hinweisen über Land und Leute, Kultur, Sprache, Eßgewohnheiten, Wetterverhältnisse, Transportmöglichkeiten, Hotels und Währung lesen.
- Erlernen einiger Worte der Landessprache. Die meisten guten Reiseführer beinhalten eine Liste der wichtigsten Wörter und Redensarten.
- Die Reisebedingungen genauestens prüfen. Handelt es sich um einen Flug mit gewissen Einschränkungen, Linien- oder Charter-Flug, Nacht- oder Tagesflug?
- Nach Möglichkeit die Fluggesellschaft aussuchen, die einem vertrauenswürdig erscheint. Bei Flugangst ist dieser Punkt besonders bedeutsam. Auf jeden Fall die Wahl der Fluggesellschaft schon im Reisebüro klären, damit man nicht kurz vor dem Flug einen Schreck bekommt, wenn man in ein Flugzeug mit unerklärlichen Buchstaben

und Zeichen einsteigen soll (siehe die Auflistung der Fluggesellschaften in Kapitel 4).

- Reichlich Freizeit zum Ausruhen und Entspannung einplanen.
- Bei Familienreisen die Wünsche jedes einzelnen zu Hause besprechen und den Wünschen entsprechend planen. Manchmal ist ein langes Zusammensein im Urlaub anstrengend. Durch Schule und Beruf verbringen wir zu Hause kaum eine längere Zeit als ein Wochenende zusammen.
- Bequeme, lässige Bekleidung für den Flug! Rechtzeitig packen und daran denken, daß es manchmal recht kühl im Flugzeug werden kann. Pullover oder Jacke im Handgepäck nicht vergessen.
- Frühzeitig den Flughafen aufsuchen – am besten mit dem Taxi oder öffentlichen Verkehrsmitteln, um Parkplatzprobleme und langes Koffertragen zu vermeiden. Reichlich Zeit für Tax-free-Einkäufe und Entspannungsübungen einplanen.
- Nach Möglichkeit Alkohol und Rauchen während des Fluges vermeiden.
- Beim Check-in am besten einen Gangplatz wählen. Man hat somit die Möglichkeit, aufzustehen und sich zu bewegen, ohne den Nachbarn stören zu müssen.
- Die Reisevorbereitungen nach einer Vorbereitungsliste durchführen.

**Vorbereitungsliste für Reisende**
Zu Hause:
- Post:          Wer kümmert sich um den Briefkasten?
                 Soll die Post nachgesandt werden?

- Telephon: Wurde die Rechnung bezahlt?
  Wird ein Anrufbeantworter benötigt?
- Miete: Bezahlt?
- Rechnungen: Bezahlt?
- Haustiere: Wer hütet sie?
- Wohnungsschlüssel an die Nachbarn/Verwandten?
- Elektrizitäts-, Gas- und Wasserschäden vorbeugen, Wasserhahn schließen, Apparate kontrollieren
- Garten: Rasen mähen und sprengen
- Wer gießt die Blumen?
- Türen und Fenster geschlossen?
- Adresse an die Verwandten?

Für die Reise:
- Flugtickets und andere Unterlagen (Hotelgutschein)
- gültiger Reisepaß
- Bestimmungen am Zielort? Visum, Führerschein, Autotelephon
- Impfungen
- Reiseapotheke: Medikamente, Sonnencreme
- Reiseversicherungen
- Shecks
- Kreditkarten: Welche werden am Urlaubsort akzeptiert?
- Auslandswährung (Kleingeld für Telephon, Taxi, Toilette, Trinkgeld)
- Zollbestimmung im Urlaubsland
- Benzin- und Hotelvoucher
- Wörterbuch
- Adreßbuch
- Landkarten
- Fotokopien aller Reisedokumente

- Papier und Stifte
- Reiselektüre
- Taschentücher, feuchte Tücher
- Photoausrüstung (inklusive Film, Akkus, Ladegerät)
- Adapter für elektrische Apparate
- Bekleidung
- Regenschirm
- Toilettenartikel

Bei rechtzeitiger Planung kann die Reise schon mit Vorfreude auf den Urlaub beginnen!

## Kontrollverlust und Hilflosigkeit

Wenn ein Nichtschwimmer in tiefes Wasser gerät, bekommt er normalerweise große Angst. Wer zum ersten Mal auf Ski an einem steilen Berg steht, erlebt ähnliche Gefühle. Wahrscheinlich fühlt sich auch ein Patient vor seiner ersten Operation und Narkose genauso unsicher und ist ebenfalls verängstigt.

In allen drei Situationen fühlt sich der Mensch hilflos, weil ihm die Möglichkeit fehlt, das Geschehen direkt zu beeinflussen. Der Nichtschwimmer ist von seinem Retter abhängig, der Skifahrer von seinem Lehrer und der Patient von seinen Ärzten. Wir müssen lernen, uns darauf zu verlassen, daß die Menschen, denen wir uns anvertraut haben, ihre Aufgaben beherrschen und sich entsprechend um uns kümmern.

Viele Personen, die unter Flugangst leiden, berichten, daß sie Schwierigkeiten haben, sich anderen Menschen anzuvertrauen. Sie fahren widerwillig Taxi, setzen sich aber liebend gern selbst ans Steuer. Sie schließen ihr Haus selbst ab, um sicher zu sein, daß es auch wirklich verriegelt wurde.

Ich habe auch Flugangstseminarteilnehmer kennengelernt, die eine eigene Privat-Piloten-Lizenz besitzen und das Fliegen genießen, solange sie selbst die Maschine steuern. Gleichzeitig weigern sie sich aber, in Flugzeuge zu steigen, die von anderen Piloten (sogar Berufspiloten) geflogen werden. Diese Situationen haben alle nur den einen Grund: die fehlende Kontrolle über das eigene Schicksal, um in jeder Situation selbst entscheiden zu können.

Der Passagier mit Flugangst wird von dem Gefühl geplagt, daß er keine Kontrolle über die aktuelle Situation hat. Er fühlt sich völlig fremden Menschen ausgeliefert, die er noch nie in seinem Leben gesehen hat.

So betrachtet ist es auch kein Wunder, daß Flugangst viel häufiger vorkommt als Angst in anderen Transportmitteln: im Auto, im Bus, in der Eisenbahn oder auf dem Schiff. In unserer Vorstellung gehen wir davon aus, daß wir als Fahrer eines Autos durch Bremsen, Gasgeben oder Lenken auf das Geschehen selbst Einfluß nehmen können. Sollte es doch zu einem Unfall kommen, halten wir unsere Überlebenschance deshalb für größer, da wir uns auf festem Boden befinden. Notfalls kann man sich hinlegen, falls man verletzt ist.

Der Eisenbahnpassagier hält sich auch für gut geschützt, denn auch er befindet sich auf festem Boden und hat schlimmstenfalls die Möglichkeit, die Notbremse zu betäti-gen. Sogar Wasser gilt uns als vertrautes Element. Ein Schiffspassagier fühlt sich ebenfalls sicherer, da es für den Ernstfall Schwimmwesten und Rettungsboote gibt.

Der flugängstliche Passagier gerät an Bord eines Flugzeuges aber in eine ganz andere Situation: Schon das Aufleuchten des „Fasten-Seat-Belt"-Zeichens bedeutet eine Aufforderung sich hinzusetzen, anzuschnallen und auf weitere Anweisungen der Mannschaft zu achten. Ein Passagier gerät so in eine vollkommen passive Rolle – er soll aus eigener Initiative nichts unternehmen, um sich oder seiner Familie zu helfen. Er muß sich anderen anvertrauen und davon ausgehen, daß die Besatzung den kommenden Situationen gewachsen ist. Für sein Empfinden liegt sein Leben gänzlich in anderer Menschen Hände. Er fühlt sich dieser Situation hilflos ausgeliefert.

Die Beantwortung einiger Fragen, die sich ihm sofort aufdrängen, wird ihn zusätzlich frustrieren:

- Was wird passieren?
- Wird überhaupt etwas passieren?
- Wann wird es losgehen?
- Welche Handlungsmöglichkeiten bleiben mir in dieser Situation?

Die Mehrzahl der Personen mit Flugangst (68%) leidet unter dem Gefühl, ausgeliefert zu sein und scheinbar keine Kontrolle oder Handlungsmöglichkeit mehr zu besitzen. Typisch ist diese Art von Flugangst jedoch für eine ganz bestimmte Gruppe von Personen, die eine passive Rolle nicht akzeptieren können oder wollen. Dies sind Menschen, die in ihrem eigenen (Berufs)Leben sehr einflußreich sind. Häufig sind sie in einer leitenden Position und tragen viel Verantwortung. Sie sind es gewohnt, Weisungen zu erteilen, alle Situationen des Geschäftslebens zu kontrollieren und Entscheidungen zu treffen. Ihr Verhalten ist sehr selbstbewußt, denn sie tragen gern die Verantwortung für sich selbst und andere. Solche Personen haben häufig Schwierigkeiten, sich mit dem Gedanken anzufreunden, daß sie von einer anderen Person, z. B. dem Flugkapitän, abhängig sind.

Es kommt auch vor, daß diese Personen eine aggressive Einstellung gegenüber ihrer Angst entwickeln. Sie stellen sich zwar ihrer Angst und zwingen sich selbst ins Flugzeug. Dabei geraten sie jedoch unter einen starken psychischen Druck. Es kommt vor, daß sie vor dem Flug erbrechen müssen oder sie können die Reise nur mit größeren Alkoholmengen überstehen. Sie werden es aber nicht zugeben wollen, daß sie Angst haben und sind nur sehr ungern bereit, darüber zu diskutieren.

Diese Einstellung gegenüber der Angst kostet sehr viel Energie und verursacht negativen Streß, der zu psychosomatischen Krankheiten (z. B. Kopfschmerzen, Herz- und Kreislaufbeschwerden, Magengeschwüren) führen kann.

Ein 54jähriger Geschäftsführer hatte solch eine Einstellung, wie sie oben geschildert wurde. Er war bereits -zig Male geflogen. Als Ingenieur war er ein Spezialist für technische Fragen. Um sich selbst zu therapieren, hatte er alles über Flugzeuge und Aerodynamik gelesen. Diese Informationen halfen ihm aber nicht weiter, weil er dadurch nicht körperlich entspannen konnte. Er mußte sich jedesmal ins Flugzeug zwingen. Von Jahr zu Jahr fiel ihm dies schwieriger. Er hörte auf zu reisen und lud seine Geschäftspartner zu sich ein. Es dauerte nicht lange, bis er seine eingeschränkte Freiheit verdammte und unzufrieden wurde. Als der Leidensdruck immer größer wurde, meldete er sich zum Flugangstseminar an. Ausreichendes technisches Wissen hatte er sich schon angeeignet. Erst auf diesem Seminar lernte er Entspannungsübungen kennen, mit deren Hilfe er in der

Lage war, seinen Körper zu kontrollieren und damit auch seine Gesamtsituation in Griff zu bekommen.

Es ist sehr wichtig, daß wir in unserem Leben Kontrolle ausüben können. Erwachsene sollen nicht wie Kinder sorglos das Leben genießen – sie müssen sich um sich selbst und die anderen Familienmitglieder, die dazu noch nicht in der Lage sind, kümmern.

Es existieren viele Dinge im Leben, in denen jede Person für sich die Kontrolle ausübt und Entscheidungen trifft: Ob ich Alkohol trinke oder rauche, das muß ich selbst entscheiden. Genauso muß ich festlegen, welchen Beruf oder welches Studium ich ergreife, wie ich lebe und wohne und mit welchen Menschen ich befreundet bin. Wir entscheiden jeden Tag, oft unbewußt, viele Dinge.

Andererseits gibt es Dinge, bei denen wir auf das Können anderer angewiesen sind: bei Zahnschmerzen, Blindarmentzündung, Hausbau, Reparaturen etc. Die moderne zivilisierte Welt ist so gestaltet, daß wir nicht mehr alles selber machen können und erledigen müssen. Wir bedienen uns einer Reihe von Fachleuten. Letztendlich sind wir alle auf einem bestimmten Gebiet Spezialisten: die Krankenschwester, der Bäcker, der Bauer, die Ingenieurin, der Friseur, die Schneiderin, die Ärztin und der Flugkapitän. Wir müssen einfach nur lernen, die Tatsache zu akzeptieren, daß wir nicht in der Lage sind, selber Sorge zu tragen, ob das Flugzeug auch richtig betankt wurde, die Türen ordentlich verriegelt wurden oder der Pilot ausreichende Erfahrung besitzt. Diese Dinge müssen wir anderen überlassen können, weil es in der Luftfahrt sorgfältig ausgewählte

Spezialisten gibt, die dafür bezahlt werden, sich um Abwicklung und Wartung zu kümmern, damit wir uns ausruhen und entspannen können. Unter dem Gesichtspunkt der Flugangst ist es wichtig zu unterscheiden, welche Parameter ich selber beeinflussen kann (frühzeitige Planung, mit ausreichend Zeit am Flughafen eintreffen etc.) und welche Parameter ich nicht beeinflussen kann und hinnehmen muß.

Bitte füllen Sie die folgende Liste aus:
Wenn ich verreise, muß ich mich selbst um Folgendes kümmern:

–

–

–

–

–

–

–

–

–

–

–

Führen Sie jetzt bitte alle Punkte auf, die Sie akzeptieren sollten, wenn Sie fliegen – da es Fachleute gibt, die sich um diese Aufgaben kümmern:

–

–

–

–

–

–

–

–

–

–

–

Wenn Sie nun fertig sind, vergleichen Sie bitte ihre Liste mit der Liste auf Seite 210.

## Veränderungen der Lebenssituation

Scheidung, Todesfall, Geburt, ausgeprägte Gewichtsabnahme oder eine schwere Krankheit können unter bestimmten Umständen Flugangst verursachen. Wird unser Grundvertrauen zum Leben erschüttert, kann sich dies auf das Vertrauen in bezug auf andere Lebensbereiche auswirken. Nach einem Todesfall oder einer Scheidung steht man in jeder Hinsicht vor einer ganz neuen Situation. Man muß liebgewonnene Gewohnheiten aufgeben. Vielleicht wurden früher alle Flugreisen zusammen mit dem Partner durchgeführt. Gemeinsam zu verreisen hatte Sicherheit bedeutet. Es wäre einem nie eingefallen, daß man sich im Flugzeug vor irgend etwas hätte fürchten sollen. In der nun veränderten Situation sehen eine Reise und deren Vorbereitungen bereits anders aus. Es ist nun alles alleine zu erledigen, man kann die Freude und Mühe oder die neuen Eindrücke mit niemandem teilen. Verreist man allein und ohne Gesprächspartner, achtet man automatisch konzentrierter auf den Flugablauf, die Geräusche im Flugzeug und das Verhalten der Flugbegleiter.

Manchmal können Eltern, besonders junge Mütter, durch ihre Elternschaft von Flugangst geplagt werden. Hierdurch kann sich die Einstellung zum Leben ändern, die neue Verantwortung für das Kind wird sehr bewußt erlebt. Häufig werden sie von Gedanken begleitet, was mit dem Kind passiert, wer sich darum kümmern wird, falls den Eltern etwas passieren sollte. Verreisen Eltern ohne ihr Kind, haben sie ein schlechtes Gewissen, weil sie ihr Kind „verlassen" haben. Wenn das Flugzeug sie dann noch mit Hochgeschwindigkeit Stunde um Stunde weiter von ihrem Kind entfernt, kann die Angst um das Kind sich leicht in die Angst vor dem Fliegen verwandeln.

Oftmals verändert sich auch die Einstellung junger Flugbegleiterinnen ihrer Arbeit gegenüber, nachdem das erste Kind geboren wurde. Durch diese Verantwortung fühlen sie sich zu Recht unersetzlich wichtig für das Kind und betrachten ihre Arbeit plötzlich als Risiko für die Mutter-Kind-Beziehung. Allerdings spielt hier weniger die reale

Gefahr des Fliegens als vielmehr die längere Abwesenheit durch den Beruf die dominierende Rolle und wird als belastend empfunden. Es handelt sie dabei nicht um klassische Flugangst. In einer solchen Situation wird die Unterstützung der Kollegen sehr wichtig. Aber auch die eigene Erfahrung hilft den Müttern, diese Phase des Unwohlseins zu überwinden. Wenn die junge Mutter ihr Kind nach einigen Flügen wieder gesund und munter in die Arme schließen kann, wird ihr Vertrauen und die Zufriedenheit in ihre Arbeit wieder wachsen.

Für einen Passagier mit einer schlechten physischen Kondition (Zahnschmerzen, Kater, Erkältung, Überanstrengung) kann ein Flug zu einem solch unangenehmen Erlebnis werden, daß Flugangst ausgelöst wird. Schmerzzustände können sich während des Fluges verstärken. Bei einer Infektion der oberen Luftwege können Druckveränderungen während verschiedener Flugphasen unterschiedliche Probleme vorübergehend herbeiführen oder verstärken (Hörverschlechterung, Druckschmerz).

Wie wir alle wissen, nimmt der Luftdruck mit zunehmender Höhe ab. Um in der Reiseflughöhe von Verkehrsflugzeugen überleben zu können, greift die Luftfahrtindustrie zu einem genialen Trick. Sie konstruierte das Flugzeug als Druckkabine, das Folgendes bedeutet: Im Steigflug und Reiseflug wird im Flugzeug ein vorher festgelegter Druck erzeugt (salopp ausgedrückt heißt dies: Die Kabine wird aufgeblasen). Diese Druckhöhe entspricht etwa einer realen Höhe, wie sie auf Bergen zwischen 2000 und 2400 m Höhe anzutreffen ist. Im Landeanflug wird der Kabinendruck langsam wieder abgelassen, damit beim Aussteigen im Flugzeug der gleiche Druck herrscht wie am Zielort.

Trotz modernster Regelungstechnik gelingt dieses Auf-
und Abblasen nicht immer ganz stufenlos. Ein gesunder
Mensch nimmt Druckunterschiede am ehesten während
des Steigfluges oder während des Landeanfluges wahr.
Zunächst wird eine leichte Verschlechterung des Hörver-
mögens und ein Druck auf die Trommelfelle verspürt.
Durch verschiedene kleine Maßnahmen kann man den
normalen Zustand wieder leicht herstellen: Schlucken,
Gähnen, Valsalva-Versuch (Mund und Nase schließen und
gegen diesen Widerstand durch Ausatmen Druck erzeugen
– man spürt den Druckausgleich deutlich durch das Span-
nen der Trommelfelle). Säuglingen sollte man während
dieser Flugphasen die Flasche geben oder sie stillen. Für
ältere Kinder und Erwachsene sind ein Bonbon oder
Kaugummi sehr hilfreich.

Nicht ganz gesunden Menschen, die fliegen wollen oder
müssen, wird empfohlen, auf *Nikotin* und *Alkohol* zu
verzichten.

1) *Nikotin* hat einen deutlichen Einfluß auf den Sauerstoff-
transport im Blut. Bei jeder unvollständigen Verbrennung, so auch beim Rauchen, entsteht Kohlenmonoxid.
Dieses Zellgift verbindet sich mit den roten Blutkörperchen (Erythrozyten) und verhindert damit den Sauer-
stofftransport im Gewebe. Bei Rauchern sind 3 bis 6%
der roten Blutkörperchen durch dieses Zellgift besetzt.
Für einen Raucher bedeutet dies, daß er eine deutlich schlechtere Sauerstoffversorgung hat als ein Nichtraucher. Dieser Nichtraucher müßte erst 2000 bis
4000 Fuß (600 bis 1200 m) höher klettern, um einer
ähnlich verminderten Sauerstoffsituation ausgeliefert
zu sein.

2) Vorsicht auch bei Genuß von *Alkohol.* Während des Fluges gelangt Alkohol schneller ins Blut als am Boden. Ein Drink in Reiseflughöhe entspricht mit seiner Wirkung etwa drei bis vier dieser Drinks auf der Erde. Kohlensäurehaltige Getränke sollten auch gemieden werden, da sich die Gase im Organismus wegen der Luftdruckverminderung im Flugzeug ausdehnen und besonders auf Langstreckenflügen zu Beschwerden führen können. Es ist daher empfehlenswert auf Bier, Champagner und andere kohlensäurehaltige Getränke zu verzichten. Gegen Genuß von Säften und Wasser ist aus flugmedizinischer Sichtweise allerdings nichts einzuwenden.

Bei Infektionen der oberen Luftwege sollte man am besten auf diese Flugreise verzichten oder wenigstens vorher den Hals-Nasen-Ohren-Arzt konsultieren. Im Notfall sollte man abschwellende Nasentropfen mitnehmen und diese beim Einsteigen und bei Beginn des Landeanfluges nehmen. Es erscheint zunächst merkwürdig – Nasentropfen bei Hörverschlechterung. Der Grund ist eine Verbindung zwischen Nasen-Rachen-Raum und Mittelohr. Diese Ohrtrompete schwillt bei Infektionen leicht zu und verursacht die oben beschriebenen Druckausgleichsprobleme.

## Flugbedingungen als Angstursachen

Turbulenzen, Blitzschlag, Nachtflüge oder Flüge unter winterlichen Verhältnissen können den Passagier, der um seine Sicherheit besonders besorgt ist, unruhig werden lassen. Im Folgenden werden Wetterbedingungen erläutert, die für das Fliegen von Bedeutung sein können.

**Luft, Atmosphäre und Wetter**

Die Erde ist von einer Lufthülle (Atmosphäre) umgeben, die das Leben auf der Erde vor den kosmischen Strahlen schützt. Diese Atmosphäre setzt sich aus vielen Gasen zusammen:

- Stickstoff                                      78 VOL%
- Sauerstoff                                      21 VOL%
- sonstige - und Edelgase            1 VOL%,
darunter 0,03 VOL% Kohlendioxyd

Die Zusammensetzung der Atmosphäre bleibt bis zu einer Höhe von 20 Kilometern nahezu konstant. Auch in der Reiseflughöhe von 10 km finden wir in der Außenluft den Anteil von 21 Volumen Prozent Sauerstoff vor. Er ist hier allerdings nur mit einem Teildruck vorhanden, der für die Atmung nicht mehr ausreicht. Wie wir wissen, nimmt nicht nur der Gesamtdruck der Luft mit zunehmender Höhe ab, sondern auch die Teildrucke der einzelnen Gase. Bereits ab 10000 bis 12000 Fuß (3000 bis 3600 Meter) kann eine 100%ige Sauerstoffsättigung im Blut nicht mehr erreicht werden. Ab dieser Höhe stellen sich bereits mentale Leistungsstörungen ein. Aus diesem Grund müssen Bergsteiger, Segelflieger und Heißluftballonfahrer mit tragbaren Sauerstoffgeräten ausgerüstet und Flugzeuge mit Druckluft versorgt werden. Flugzeuge sind außerdem mit stationären Sauerstoffanlagen ausgerüstet, die im sehr seltenen Fall eines Druckverlustes automatisch aus der Deckenverkleidung herunterfallen und vom Passagier durch Ziehen und Aufsetzen aktiviert werden. Für die Cockpitbesatzung wurden eigene Sauerstoffsysteme eingebaut. Zu den fest eingebauten Sauerstoffanlagen in der Kabine werden zusätzlich noch tragbare Sauerstofflaschen für medizinische Notfälle bereitgehalten.

Es sind in jeder Passagiersitzreihe immer ausreichend Sauerstoffmasken vorhanden. Auch an die Sauerstoffversorgung für Babys, die keinen eigenen Sitzplatz haben, sondern auf dem Schoß der Eltern reisen, hat man gedacht.

Nicht allein der Luftdruck sinkt mit zunehmender Höhe, auch die Temperatur nimmt ab. Selbst im Sommer herrscht in der Reiseflughöhe von zehn bis zwölf Kilometern eine Temperatur von minus 50 Grad Celsius. Das Wetter wird in unseren Breiten im wesentlichen durch die Sonnenstrahlung, den Luftströmungen und vom Wasser beeinflußt. Sobald von der Sonne erwärmte, feuchte Luft aufsteigt, kühlt sie mit zwei Grad pro 300 Meter Höhe ab. Es kondensieren dabei kleinste Wasserdampfpartikelchen und bilden Wolken. Je trockener eine Luftmasse ist, desto geringer ist die Wolkenbildung ausgeprägt.

In der Luftfahrt spielt die Wettervorhersage eine bedeutende Rolle. Die gesetzlichen Bestimmungen verlangen, daß das Wetter am Zielflughafen bereits zum Zeitpunkt des Abfluges bestimmte Mindestbedingungen, die eine sichere Landung ermöglichen, erfüllen muß. Reichen die Vorhersagen nicht aus, darf nicht abgeflogen, sondern es muß zunächst eine Wetterbesserung abgewartet werden. Durch Satellitenbeobachtungen haben diese Wettervorhersagen heutzutage eine solch gute Qualität und Präzision erlangt, daß „Wetter eigentlich kein Thema" mehr ist.

Das Wetterradar im Cockpit zeigt den Piloten starke Niederschlagsgebiete und eventuelle Turbulenzen an. Somit wird ihnen genau mitgeteilt, wo aktuell mit Gewittern zu rechnen ist und wie diese am sinnvollsten umflogen werden können. Gewitter werden selbstverständlich auch in den Wetterkarten dargestellt.

Wie wir alle wissen, gibt es verschiedenste Wolken. Sie werden aufgrund von Form, Aussehen, Farbe und Höhe, in denen sie vorkommen, unterschieden. Von unten bedrohlich aussehende Wolken können von oben aus dem Flugzeug betrachtet, besonders im Abendlicht, hinreißend schön sein. Die Piloten kennen die verschiedenen Wolkenarten genau und wissen, bei welcher Sorte mit Turbulenzen oder Niederschlägen zu rechnen ist. Sie lernen auch anhand der Wolkenart eine gewisse Prognose über das kommende Wettergeschehen abzugeben.

## Turbulenzen

Die Angst vor Turbulenzen beschäftigt viele Passagiere. Auch Piloten mögen Turbulenzen nicht gerade gerne – nicht weil sie diese für gefährlich halten, sondern weil sie nach der Sicherheit immer gleich an den Passagierkomfort denken und wissen, daß Turbulenzen unangenehm für ihre Passagiere sind. Durch Berichte von Flugzeugen, die kurz vorher die gleichen Bereiche durchfliegen, sind Gebiete mit Turbulenzen meist bekannt. Bei Annäherung an ein solches Areal werden die Passagiere immer aus Sicherheitsgründen aufgefordert, auf ihren Sitzplatz zurückzukehren und sich wieder anzuschnallen. Diese Aufforderung ist nicht als Vorbereitung vor einer drohenden Gefahr zu verstehen, sondern als Maßnahme, um für die Sicherheit und den Komfort des Passagiers zu sorgen. Es soll vermieden werden, daß durch Turbulenzen ein Passagier, der im Gang steht, sich und andere gefährdet oder sich selbst verletzt, wenn er nicht angeschnallt ist.

Wie kommt es zu Turbulenzen? Was versteht man darunter?

Luft ist wie Wasser Materie. Wie im Wasser existieren auch in der Luft verschiedene Strömungen. Wenn Luftmassen unterschiedlicher Temperatur gegeneinanderprallen, erzeugen sie Turbulenzen. Steigt warme Luft in die Höhe, wird ihr Raum von kälterer Luft eingenommen, bis diese nach Erwärmung durch die Sonne ebenfalls aufsteigt. In Bodennähe finden wir daher verschiedene warme Luftmassen, die sich über hellen und dunklen Feldern oder Wäldern unterschiedlich schnell erwärmen. Warme Luft ist weniger dicht als kalte. Die Übergänge zwischen den unterschiedlich dichten Luftmassen bewirken bei einem Flugzeug, das horizontal durch diese verschiedenen nebeneinanderliegenden Luftmassen fliegt, diese Turbulenzen. Es wird zwangsläufig ein wenig „turbulent", und der unerfahrene Passagier spricht von einem Luftloch. Es erscheint selbstverständlich, daß ein Schiff nicht in ein Wasserloch fallen kann. Wie das Wasser den gesamten Ozean ausfüllt, so ist die Materie Luft überall in der Atmosphäre verteilt. Im Klartext: Es gibt keine Luftlöcher!

Sehr wohl kennen wir aber Turbulenzen, die durch verschiedenartige Luftmassen und Windfelder oder Starkwindfelder (Jetstream) zustande kommen. Zugegeben, solche Windfelder können ein Flugzeug ganz schön ins Wanken bringen und wenn man im Bereich der Tragflächen sitzt, beobachtet man diese auch mit besonderer Sorge. Aber keine Angst, diese Tragflügel sind extra elastisch gebaut, damit sie diese Schwingungen aushalten können. Sie müssen sich biegen können. Dies muß bei der Zulassung sogar im Dauertest nachgewiesen werden.

Wären sie hart und unbiegsam, würden sie unter Spannung abbrechen wie Glas.

Turbulenz wird aber nicht nur durch Wolken und Luftströmungen verursacht, sie entsteht auch bei Änderungen der Windrichtung oberhalb von Gebirgen. Es gibt sie auch bei erheblichen Temperaturunterschieden über einer Wüste. Plötzliche Veränderungen der Windrichtung und Windgeschwindigkeit oder schnelle Temperatur- und Luftdruckänderungen können eine sogenannte „clear-air-turbulence" (= CAT) sein. Man kann sie aus dem Cockpit nicht sehen, aber die ungefähre Lage ist aus den Wetterkarten zu entnehmen.

Flugzeuge sind für jede Art von Wetter, Wind und Schneegestöber gebaut. Sie halten erhebliche Belastungen aus. In der Luft sind sie in ihrem Element. Die meisten Wetterereignisse finden in einer Höhe unterhalb von zehn Kilometern statt. Insofern fliegt ein Verkehrsflugzeug auf seiner Reise meist oberhalb des Wetters in blauem Himmel.

## Gewitter und Blitze

Gewitter lassen sich deutlich auf dem Wetterradar im Cockpit darstellen und können daher meist sicher umflogen werden. Ein Pilot wird aus Gründen des Komforts und der Sicherheit versuchen, Gewittergebiete, nach Rücksprache mit den Fluglotsen, zu umgehen oder zu überfliegen. Sollte ein Flugzeug von einem Blitz getroffen werden, wird jeder, auch der Erfahrene, durch den lauten Knall und das helle Aufleuchten einen kurzen Schreck bekommen.

Für die Insassen besteht keine Gefahr, da der Blitz wie bei einem Faradayschen Käfig draußen bleibt und über Blitzableiter an den Tragflächen und Rudern abgeleitet wird. Ein Blitzeinschlag kann zwar kleine Brennspuren an der Rumpfoberfläche hinterlassen oder auch sensible elektronische Meßgeräte zerstören, die zentralen technischen Systeme werden jedoch durch Blitze nicht geschädigt, so daß ein Flugzeug weiter zum Zielflughafen fliegen kann. Nach der Landung wird man allerdings eine gründliche Inspektion vornehmen, bevor das Flugzeug auf eine neue Reise geht. Der Kapitän muß außerdem einen Blitzschlagreport ausfüllen, da die Luftfahrtbehörden über Blitzschläge Statistiken erstellen.

## Schnee und Eis

Eis oder Reifansatz an der Tragfläche verändern im negativen Sinn die Luftströmung und vermindern damit die Auftriebskraft. Gleichzeitig erhöht Eis als ein weiterer negativer Aspekt noch das Gewicht. Daher gilt der Grundsatz: Ein Flugzeug muß vor dem Start schnee- und eisfrei sein. Zum Abtauen wird das Flugzeug mit einem warmen Wasser-Glykol-Gemisch gewaschen.

Flugzeuge sind mit Enteisungs- und Eisverhinderungsanlagen ausgestattet. Sie sollen während des Fluges die Eisbildung an aerodynamisch wichtigen Stellen vermeiden. Die Flügelvorderkanten und die Triebwerkeinlässe werden mit heißer Triebwerkluft versorgt und damit vor Eis geschützt. Die Frontscheiben des Cockpits werden elektrisch geheizt. Für Starts auf schneebedeckten Flughäfen gelten besondere Gewichtsbeschränkungen und Leistungsdaten, denn Schnee oder Schneematsch können den Rollwiderstand erhöhen und damit die Geschwindigkeit vermindern. Kann wegen des Winterwetters die Sicherheit nicht gewährleistet werden, muß der Flughafen vorübergehend geschlossen werden.

### Nachtflüge

In bezug auf die Sicherheit besteht kein Unterschied zwischen Tag- oder Nachtflügen. Einzig der Komfort und der natürliche Rhythmus des Passagiers kann unter Umständen durcheinandergeraten, wenn die Schlafphasen nicht eingehalten werden.

### Zusammenhang zwischen Flugangst und anderen Ängsten

Isolierte Flugangst läßt sich ausgezeichnet in den Griff bekommen. In manchen Fällen ist die Flugangst jedoch nur die Spitze des Eisbergs. Sie kann unter anderen Ängsten diejenige sein, die das Leben am meisten beeinträchtigt. In einem solchen Fall ist es ratsam, zuerst die Hintergründe der anderen Ängste zu klären und erst anschließend die Flugangst zu bearbeiten. In einem 2–3-tägigen Flugangstseminar lernt man ausreichende Techniken, um Flugangst in den Griff zu bekommen. Die Zeit reicht aber keinesfalls, alle Ängste sinnvoll zu bearbeiten.

Welche Ängste findet man häufig im Zusammenhang mit Flugangst?

#### Angst vor geschlossenen Räumen (Klaustrophobie)

Eine Person, die sich in einem Aufzug, einer Telefonzelle oder einem Bus unwohl fühlt, wird sich auch in der Kabine eines Flugzeuges nicht entspannt und angenehm fühlen und zwangsläufig Angst bekommen. Diese Angst, die in geschlossenen Räumen auftritt, heißt Klaustrophobie. Ihre Wurzeln reichen oft bis in die frühe Kindheit. Meist sind es frühe Erfahrungen, an die man sich meist nicht, und wenn, dann ungern, erinnert. An eine Strafe beispielsweise, bei

der man in ein Zimmer eingeschlossen oder in ein Gitter-
bett gesetzt wurde. Als Erwachsener erlebt man diese
Erfahrung als Angst vor geschlossenen Räumen. Etwa
13 Prozent der Menschen leiden an Klaustrophobie. Dieser
Prozentsatz ist nicht besonders hoch. Untersucht man
aber die Gruppe von Menschen, die an Flugangst leidet,
auf Klaustrophobie, findet man bereits einen Anteil von
43 Prozent, der gleichzeitig unter Angst vor geschlossenen
Räumen leidet.

### Höhenangst (Acrophobie)

Es gibt Menschen, denen ein Aufenthalt auf einem Turm,
einem Balkon, auf einer Brücke oder an einem steilen
Abhang erhebliche Angstgefühle verursacht. Sie können
beispielsweise keinen Schritt mehr tun oder müssen erbrechen. Ein Flug in einem Flugzeug kann ebenfalls diese
Angst auftreten lassen. Dies muß allerdings nicht zwangsläufig der Fall sein. Manche Menschen spüren Höhenangst
nur dann, wenn sie sich im Freien aufhalten (Balkon mit
Gittergeländer). In einem Flugzeug können sie sich durchaus sicher fühlen, weil der Bezug nach außen zur Erde
fehlt und die Höhe daher nicht unmittelbar empfunden
wird. Ungefähr 32 Prozent der Menschen haben Höhenangst. Bei der Gruppe von Personen mit Flugangst werden jedoch 53% durch Höhenangst geplagt. Man kann
also eine Beziehung zwischen diesen beiden Ängsten
annehmen.

### Soziale Ängste (Anthrophobie)

Ist es einem Kind in der Schule schwergefallen, zusammen
mit einem Klassenkameraden an einem Zweierpult zu
sitzen oder wurde es gehänselt oder hatte Angst, sich

zu blamieren, kann es eine Abneigung gegen soziale Situationen entwickeln. Diese Abneigung kann sehr wohl bis zum Erwachsenenalter anhalten und auch zu Flugangst führen, da diese Personen sich in einer Menschenmenge unwohl fühlen und ungern Rat oder Hilfe suchen. Auf Flughäfen gibt es immer Menschenmengen oder zumindest Schlangen, in denen man warten muß (Check-in, Paßkontrolle, Sicherheitskontrolle, beim Einsteigen). Für die Betroffenen wird es unerträglich, wenn sie im Flugzeug auf einem eventuell noch beengten Mittelplatz zwischen zwei wildfremden Personen sitzen müssen.

Es leuchtet ein, daß in solch einem Fall zunächst das Problem der sozialen Angst bearbeitet werden muß, bevor die Flugangst in den Griff zu bekommen ist.

### Platzangst (Agoraphobie)

Unter Platzangst versteht man die zwanghafte Angst, allein über freie Plätze und Straßen zu gehen. Diese Angst kann jedoch nicht logisch begründet werden. Meist wird diese Angst von einem Schwäche- und Schwindelgefühl begleitet. So können auch Flughafenhallen und die Flughafenumgebung entsprechende Ängste bei diesen Menschen auslösen. Diese Angst hat ursprünglich nichts mit der Fliegerei zu tun. Hat man sich überwunden und es geschafft, ein Flugzeug zu erreichen, können die Angstgefühle andauern. Diese Angst wird dann im weiteren Sinn zur Flugangst.

### Angst vor Unbekanntem

Wenn ein Mensch sich unsicher darüber ist, was geschehen wird, was alles zu einem normalen Flug gehört oder warum ein Flugzeug fliegt, werden seine Gedanken durch eine eindrucksvolle Phantasie beflügelt. Er stellt sich verschiedenste Situationen vor, die mit der Wahrheit allerdings oft wenig zu tun haben. Häufig sind diese Vorstellungen negativ geprägt und so intensiv, daß sie für vollkommen real gehalten werden. Mit Hilfe seiner Phantasie kann der Mensch sich selbst in unangenehme Angstsituationen manövrieren. Meist handelt es sich um Situationen, die nicht aufgetreten wären, wenn man ausreichend objektive Informationen gehabt hätte.

### Todesangst (Thanatophobie)

Annähernd 19% der Menschen leiden unter Todesangst. In der Gruppe der flugängstlichen Personen berichten etwa 75%, daß sie Angst haben herabzustürzen oder den Tod fürchten. Frauen sind offenbar häufiger betroffen als Männer. Wer unter Todesangst leidet, kann sich in allen neuen Situationen bedroht fühlen. In dem so fremden Element Luft muß die Angst nahezu vorprogrammiert sein und erhält durch negative Gedanken auch ausreichend Nahrung.

### Angst vor der Angst (Phobophobie)

Angst vor Angstanfällen verursacht vielen Menschen Leid. Häufig gehen diese Personen davon aus, daß ihre Angst immer intensiver wird, bis sie einen solch unerträglichen Grad erreicht hat, daß ihr nur eine Katastrophe folgen kann. Diese Vorstellung entspricht aber nicht der Realität. Sie entsteht allein in der Phantasie des Menschen. In Wirklichkeit erreicht die Angst einen Höhepunkt und nimmt dann wieder ab. Ein Mensch, der seiner Angst aus dem Weg geht, sich also nie dieser Angst aussetzt, erlebt die Minderung seiner

Angst oder die Erleichterung nie, sondern leidet weiter unter seinen Katastrophen- und Panikvorstellungen, die in seiner Phantasie entstanden sind.

Was können wir tun, um die Angst vor der Angst zu bewältigen? Zunächst einmal muß man die eigenen negativen Gedanken konsequent bis zum Ende weiter denken und genau ermitteln, welche Katastrophe wir eigentlich erwarten. Ist es der Tod oder erwarten wir eine Situation, in der wir unser Verhalten nicht mehr im Griff haben? Aggressivität, Ohnmacht, Kontrollverlust? Was wäre das Schlimmste, was uns widerfahren könnte?

Manchmal entsteht die Angst aus Sorge um die Familie, falls einem selbst etwas passieren sollte. Manchmal lauert aber hinter dieser Angst auch die Angst, sich öffentlich zu blamieren. Eine Demütigung ist sicher peinlich, aber keineswegs lebensgefährlich. Weder für den Gedemütigten selbst noch für die anderen hängt das Leben davon ab.

Wem es gelingt, die Angst vor der Angst zu bekämpfen, ist bereits sehr erfolgreich. Es ist viel leichter, eine reale, tatsächlich existierende Situation durchzustehen, als eine, die allein in der Phantasie vorhanden ist.

## Körperliche Ursachen für Flugangst

Eine Krankheit oder Behinderung, die jede Flugerfahrung negativ beeinflußt, kann ebenfalls Flugangst zur Folge haben. Diese Art Flugangst findet sich äußerst selten. Ausgeprägte Gleichgewichtstörungen, die wegen eines funktionsuntüchtigen Gleichgewichtsorgans (Morbus Meniére) auftreten, gehören zu den sehr seltenen organischen Ursachen. Menschen mit dieser Erkrankung muß wirklich empfohlen werden, nicht zu fliegen.

## Flugangst, Medikamente und Alkohol

In der Geschichte der Menschheit wurden viele Substanzen zur Behandlung von Angstzuständen und anderen psychischen Problemsituationen eingesetzt. Meist tritt ein rascher Gewöhnungseffekt auf und eine Suchtgefahr ist angezeigt. Gemeint sind hier nicht nur Alkohol und andere Drogen, sondern auch andere Beruhigungsmittel, die häufig eingesetzt werden, wie Barbiturate, Antihistamine, Neuroleptika. Für diese Mittel ist typisch, daß sie gleichzeitig eine Muskelentspannung bewirken. Leider haben alle Medikamente auch Nebenwirkungen. Die Leistungskraft wird herabgesetzt und sie können zu Aggressivität und gesteigertem Selbstwertgefühl führen. Bei Gebrauch dieser angstdämpfenden Medikamente muß ernsthaft bedacht werden, daß diese Medikamente rein symptomatisch behandeln: Keine dieser Arzneimittel ersetzt Psychotherapie oder erklärt die Problematik und Gründe des Leidens.

Während einer intensiven Angstphase können auch Herzrhythmusstörungen auftreten, die durch das sympathische Nervensystem verursacht werden. Eine beta-adrenerge Reizung beschleunigt den Herzrhythmus. Zur Kontrolle dieser Störung können Betablocker eingesetzt werden, jedoch auch hier gilt: medikamentöse Therapien, die vom Arzt angeordnet werden, beseitigen nicht den Grund des Angstzustandes, sondern können nur die Symptome mildern. Andere Maßnahmen sind nötig, um die erlernte Angst wieder zu verlernen.

Gewöhnlich stelle ich den Teilnehmern eines Flugangstseminars die Frage, ob sie selbst schon etwas gegen ihre Angst unternommen haben. Manche haben Entspannungsübungen gelernt, wenige haben eine Therapie, z. B. durch

Hypnose, hinter sich gebracht, andere wurden wegen ihrer Angstzustände medikamentös behandelt. Die häufigste Eigentherapie ist jedoch vor und während des Fluges der Alkoholkonsum. Alkohol beseitigt selbstverständlich nicht die Angst und deshalb kann in diesem Zusammenhang auch nicht von einer „Behandlungsmethode" gesprochen werden. Warum ist Alkohol jedoch bei einigen Leuten mindestens so hilfreich, daß sie überhaupt das Flugzeug betreten? Im nüchternen Zustand wären sie dazu nicht in der Lage gewesen.

Alkohol trübt die Sinne und beseitigt Hemmungen. Im alkoholisierten Zustand ist der Mensch oft nicht mehr er selbst. Er fühlt sich mutig, kontaktfreudig, stark, clever und sogar ausgelassen. Unter Alkoholeinwirkung kann der Mensch Gefahren unterschätzen und sich risikofreudig verhalten.

In Reiseflughöhe wird durch den relativen Sauerstoffmangel die Wirkung von Alkohol verstärkt. Verglichen mit der Wirkung am Boden hat ein alkoholisches Getränk eine drei- bis vierfach so heftige Auswirkung. Verminderung der Sehschärfe, Schwindelgefühle, Kopfschmerzen und allgemeines Unwohlsein, weil man „nicht mehr Herr seiner Sinne" ist, stellen sich an Bord schneller ein und irritieren letztlich viel stärker als gewünscht. Kommt in solch einer Situation noch Turbulenz dazu, weiß der arme Passagier gar nicht mehr genau, ob ihm nun unwohl wegen des Alkohols oder wegen der Flugangst ist. In jedem Fall muß er diesen Flug als „unangenehm" verbuchen. Vor diesem Hintergrund wird klar, daß der Genuß von Alkohol als Therapiemaßnahme gegen Flugangst nicht empfohlen werden kann. Alkohol ist nur ein Fluchtmittel. Dieser Eindruck wird in den Seminaren bestätigt, denn es zeigt sich, daß die Seminarteilnehmer nicht nur den Abschlußflug sondern auch die künftigen Flüge unbedingt ohne Alkohol erleben wollen.

Besonders unangenehm war die geschilderte Situation für eine Teilnehmerin, die keinen Alkohol vertrug, trotzdem aber trinken mußte, sich unwohl fühlte und durch einen mächtigen Kater ihren Urlaubsbeginn verdarb.

Auf dem Abschlußflug dürfen die Seminarteilnehmer, zur Feier des Tages, auch im Flugzeug einen kleinen Schluck Alkohol zu sich nehmen. Maßhalten ist jedoch für den flugängstlichen Passagier wichtig, da er besonders unter dem Kontrollverlust im Flugzeug leidet und sich hilflos fühlt. Trinkt er zusätzlich noch viel Alkohol, verliert er auch noch seine Selbstkontrolle. So wird es noch schwieriger, die Situation in den Griff zu bekommen. Selbstvertrauen kann nur in einer Situation wachsen, der man offen gegenübertritt und die man von sich aus bewältigen kann.

## Die Bedeutung der Passagiersitze für Gesundheit, Sicherheit und Komfort

### Einleitung

Ein Passagier beurteilt „seinen" Flugzeugsitz natürlich abhängig von der eigenen Körpergröße, Körperfülle und seiner möglichen Gebrechen. Bei einer Knieverletzung spielt der Sitzabstand selbstverständlich eine wesentliche Rolle, aber auch bei einem Hexenschuß wird man jeden Sitz genauestens prüfen, bevor man sich ihm anvertraut. Bei Airlines mit hohem Qualitätsstandard werden Sitzkissen mit Kuhlen oder durchgesessene Sitze nicht zu finden sein.

### Erfahrung im Linienbetrieb

Die Erfahrung im täglichen Linienbetrieb zeigt jedoch, daß man Passagiere, die gleich beim Betreten der Kabine ihren Unmut über den Sitzplatz oder die Sitze laut äußern, gut beobachten soll. In den meisten Fällen, bei denen kein medizinischer Grund vorliegt, spielen oft versteckte Ängste eine Rolle. Es handelt sich um Flugangst, Trennungsschmerz, Unmut, in die Ferien zu fliegen oder um einen mißlungenen Urlaub. Hier sind die Flugbegleiter mit viel Fingerspitzengefühl gefordert, die Situation zu entspannen. Durch kompetente und charmante Flugbegleiter lassen sich im Laufe des Fluges meist auch die härtesten Fälle „knacken".

### Psychologische Aspekte

Der Sitz ist, vielen eher unbewußt, das Stückchen Erde und Sicherheit, das der Passagier mit auf seine Reise nimmt, an das er sogar festgeschnallt wird.

Der Sitz dient also auch als Blitzableiter für Probleme, die in unmittelbarer Nähe aus der aktuellen Situation entstehen. Bei Flügen über mehrere Stunden wird die Phase des „Anfreundens" mit dem Sitz schon 'mal etwas herausgezögert, denn die Freundschaft muß auch länger dauern. Bei Air Jamaica gab es früher den Werbeslogan „The little piece of Jamaica", sicherlich auf den Service bezogen, aber dennoch mit doppelter, wichtiger Bedeutung.

### Größe und Abstände

Der Airbus A310 ist maximal für 278 Passagiere und zusätzlich 30 Kleinkinder zugelassen. Bei den meisten Fluggesellschaften werden aber wesentlich weniger Sitze eingebaut. Dies bedeutet für den Passagier mehr Komfort und Beinfreiheit. Der immer wieder geforderte Satz, daß die Sitze nicht weit genug sein können und der Sitzabstand immer zu klein ist, stimmt leider nicht immer ganz. Eine schmale Person hat in den breiten First-Class-Sitzen erhebliche Schwierigkeiten, Halt zu finden, um nicht hin und her zu rutschen. Für diesen Personenkreis ist ein breiter Sitz nicht unbedingt komfortabel.

Bei der Bestuhlung eines Flugzeuges handelt es sich immer um einen Kompromiß, der wirtschaftlich und damit rechnerisch tragbar sein muß. Der Veranstalter von Reisen möchte am liebsten die Sitze übereinander stapeln, der Passagier sehr gerne alleine fliegen.

### Fitneß und isometrische Übungen

Egal wie weit und breit der Sitz auch sein mag, um fit zu bleiben und auch schon den ersten Urlaubstag genießen zu können, sollte sich der Flugreisende an verschiedene erprobte Rezepte halten:

- wenig oder besser keinen Alkohol trinken
- dafür Mineralwasser oder verdünnte Säfte
- bereits bei Beginn des Fluges auf die neue Zeit umstellen
- den Schlafrhythmus an die neue Zeit anpassen
- jede Stunde einmal aufstehen und durch das Flugzeug spazieren oder wenigstens für drei Minuten isometrische Übungen durchführen.

Bei isometrischen Übungen handelt es sich um das Anspannen der Muskulatur, ohne daß dabei eine Bewegung in den Gelenken stattfindet. Dies läßt sich auch wunderbar auf engstem Raum im Sitzen durchführen. Auch Strecken der unteren Gliedmaße mit entsprechender Muskelanspannung wird die Durchblutung und Fitneß stärken. Der Flugzeugsitz hält solche Übungen spielend aus.

## Technische Aspekte

Flugzeugsitze müssen, außer ihrer Komfortabilität, ein geringes Gewicht aufweisen, dabei erheblich belastungsstabil sein, schwer entflammbar und im Falle eines Brandes kaum bzw. wenig schädliche Gase abgeben.

Seit den Unfällen des Tristars der Saudia in Riyadh (1980) und der DC 9 der Air Canada in Cincinnati (1983: Toilettenbrand, der nur unzureichend gelöscht werden konnte), geriet die Industrie unter erheblichen Druck, die Feuergefahr einzudämmen. Entsprechende Verordnungen traten in Kraft: Flugzeuginnenverkleidungen mußten so verändert werden, daß sie weniger Rauch entwickelten und eine geringere toxische Gasentwicklung auftrat.

Die Sitzkissen aus Polyurethan mußten gegen Modelle ausgetauscht werden, die eine schwer entflammbare Schicht enthalten.

Alle Flugzeuge, die in Europa gebaut werden, unterliegen einem europäischen Standard und werden durch die JAR-Bauweise kontrolliert (Joint Airworthiness Requirements). Bevor ein europäisches Flugzeug in den USA zugelassen werden darf, muß der Hersteller nachweisen, daß auch die amerikanischen Standards nach Part-FAR erfüllt sind. Umgekehrt müssen alle Flugzeuge, die in den USA gebaut werden, die europäischen Standards nachweisen, bevor sie hier zugelassen werden. Solche Zulassungsverfahren dauern manchmal Jahre und sind sehr aufwendig.

## Belastungsstabilität

Aus Crash-Versuchen wissen wir, welche Kräfte auf ein Flugzeug einwirken können. Die Zelle muß daher so gebaut sein, daß diese zunächst die zerstörenden Kräfte (ähnlich den Knautschzonen beim Auto) aufnehmen muß und möglichst gar nichts an den Passagier herankommen läßt. Ein Passagier, der nicht oder nicht richtig angeschnallt ist, kann sich bei heftigem Bremsen oder bei Turbulenz erheblich verletzen.

Flugzeugsitze sind heute so konstruiert, daß sie im Falle eines Unfalls die zerstörende Energie aufnehmen oder mindestens mindern, ohne dabei zerstört zu werden. Sie bleiben in der Struktur erhalten und verbiegen lediglich.

Zu jedem Sitz gehört ein entsprechender Sitzgurt, der den Passagier fest mit der Sitzfläche verbindet. Für Babys und Kleinkinder gibt es eigens dafür entwickelte Gurte.

## Sicherheitsgurt

Der Sicherheitsgurt muß

- komfortabel
- effizient
- leicht zu benutzen und
- wenig einschränkend sein.

Der Beckengurt, wie er in Verkehrsflugzeugen verwendet wird, läßt sich leicht handhaben und gibt guten Halt bei Turbulenzen, wenn er fest geschlossen ist. Er hat allerdings den Nachteil, daß der Oberkörper nicht gehalten wird.

Im Falle einer drohenden Notlandung muß daher die sogenannte „brace position" (Bild 1) eingenommen werden, d. h. der Oberkörper wird nach vorne geneigt.

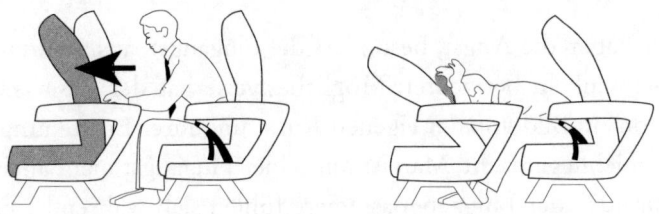

Bild 1: Brace Position

1. Sitzgurt fest anlegen
2. Vordere Sitzlehne nach vorne
3. Füsse auseinander und fest auf den Boden
4. Kniee zusammen
5. Polsterung auf Rückenlehne, Kopf gegen gekreuzte Arme

# 3 BEHERRSCHUNG DER FLUGANGST

Wir haben die Angst, besonders die Flugangst, aus mehreren Blickwinkeln betrachtet. Möglicherweise hat der Leser sich schon ein Bild von der eigenen Angst und ihrer Entstehungsgeschichte gemacht. Man ist mit seiner Flugangst nicht allein! Nur 40% der Flugzeugpassagiere fühlen sich während eines Fluges ausgesprochen wohl. In den folgenden Abschnitten wollen wir die Möglichkeiten kennenlernen, mit denen jeder einzelne selbst etwas gegen seine Angst unternehmen kann, um diesen Störenfried aktiv zu bewältigen.

## Positives Denken

„Tausend verschiedene Menschen, tausend verschiedene Meinungen."

Man kann Menschen, grob vereinfacht, in zwei verschiedene Gruppen einteilen: die Optimisten und die Pessimisten. An einem regnerischen Morgen öffnet der Optimist seine Augen und stellt fest, daß „heute die Natur das nötige Wasser bekommt" oder „Heute wäre ein gutes Wetter zum Fischen.". Der Pessimist wird sich matt fühlen und möchte den neuen Tag gar nicht wahrnehmen. Die Einstellung des Optimisten ist durch Positivismus und Neugier gekennzeichnet. Der Pessimist erwartet Unangenehmes und negative Folgen. Die Einstellung des Pessimisten in Relation zum Fliegen sieht so aus, daß er, obwohl er weiß, wie sicher das Fliegen inzwischen geworden ist, auf seiner Reise ständig darauf warten wird, daß etwas Negatives passiert.

Der Passagier mit einer positiven Einstellung wird seine gelassene Aufmerksamkeit auf das Geschehen in der Kabine und den Flugablauf richten. Er wird die Schönheit der Wolkenformationen genießen und mit Interesse die Landschaft aus seiner Himmelssicht bewundern. Der Pessimist dagegen sucht Zeichen einer Störung oder Unregelmäßigkeit. Er wird mit großer Aufmerksamkeit und voller Spannung auf alle Fluggeräusche achten und versuchen, Anzeichen von Sorge und Nervosität bei den Flugbegleitern zu finden. Nach dem Flug werden Optimist und Pessimist ihre Empfindungen so erzählen, daß ein unbeteiligter Beobachter nicht auf die Idee käme, daß beide über den gleichen Flug berichten.

Als Beispiel für einen Menschen mit einer positiven Lebenseinstellung will ich die Klavierlehrerin meines Sohnes vorstellen.

Die 60jährige Frau Maria Schnürl wollte mit ihrem Mann das Weihnachtsfest bei ihrer Familie in Alaska verbringen. Sie hatten den KLM-Flug KL 867 von Amsterdam nach Anchorage gebucht. Ausgerechnet an jenem Dezembertag (1989) hatte der 175 km südwestlich von Anchorage gelegene Vulkan Mount Redoubt eine riesige Aschenwolke in die Luft gejagt. Daraufhin wurde von der amerikanischen Luftfahrtbehörde der Luftraum um diesen Vulkan in einem Radius von 25 Kilometern bis zu einer Höhe von 18 000 Meter für alle Luftfahrzeuge gesperrt, der Flughafen von Anchorage wurde jedoch nicht geschlossen.

Als der Flug KL 867 bereits Anchorage anflog, geriet die Maschine plötzlich in diese Aschenwolke. Zwei Minuten später fielen alle vier Triebwerke durch Vulkanstaub aus. Fälschlicherweise zeigten die Anzeigeinstrumente eine

Überhitzung der Triebwerke an. Mit Ausfall der Triebwerke fiel auch, bis auf die Notbeleuchtung, die elektrische Anlage aus. Die Pilotin mußte von Hand (ohne Autopilot) das Flugzeug steuern und die Nase des Jumbos weiter herunterdrücken, um eine ausreichende Gleitgeschwindigkeit zu erreichen.

In der Kabine hielt der 66jährige Karl Schnürl die Hand seiner Frau. Sie konnten wegen des Aschenebels nur schwer atmen. Durch die Klimaanlage waren die Vulkandämpfe in das Flugzeuginnere gelangt. Die Passagiere drückten kleine Kissen, die von den Flugbegleitern verteilt wurden, auf ihre Gesichter. Diese Maßnahme erwies sich als sehr hilfreich und half beim Atmen, da sie als Filter wirkten. Alle hatten große Angst und waren sich sicher, daß sie dem Tod nahe seien.

Inzwischen betrug die Flughöhe nur noch 5200 Meter. Leider lag unter ihnen eine Gebirgskette, deren über 3000 Meter hohe Gipfel in den Himmel ragten. Seit dem Triebwerkausfall waren inzwischen sechs Minuten vergangen. Trotz mehrerer Versuche der Crew waren die Triebwerke nicht wieder angesprungen. Plötzlich war aus dem Cockpit ein Lichtstreifen in der Dunkelheit zu bemerken. Sie lenkten den Jumbo in diese Richtung und entkamen so in letzter Sekunde der Aschenwolke. Die frische Luft, die nun durch die Triebwerke strömte, reinigte die Motoren soweit, daß der achte Anlaßversuch erfolgreich verlief und Flug KL 867 etwa zwanzig Minuten später in Anchorage landete. Niemand war verletzt. Karl und Maria Schnürl glaubten an ein Wunder, als sie ihre Tochter umarmen konnten.

Ein paar Jahre später besuchte ich Karl und Maria Schnürl. An der Wand hing ein großes Photo des Mount Redoubt, ein Geschenk der Tochter. Dieses Bild erweckt beim Ehepaar Schnürl keine unangenehmen Erinnerungen – nein, im Vordergrund steht der Gedanke, daß sie und alle anderen Mitreisenden es geschafft haben. Nach diesem Ereignis wurden sofort die Flugsicherheitsbestimmungen verschärft. Kein Flugzeug darf in Anchorage mehr starten, wenn einer der Vulkane ausgebrochen ist. Erst nach der genauen Ortung der Vulkanwolke darf der Flugverkehr wieder aufgenommen werden.

Die positive Einstellung zum Leben von Frau Maria Schnürl wurde mir noch deutlicher, während ich ihr zuhörte, als sie von dieser bedrohlichen Situation berichtete. Sie faßte zusammen: „Ich habe keine Angst vor dem Fliegen. Ich weiß, daß wir uns in einer Situation befanden, die so extrem selten ist, daß man ihr höchstens einmal im Leben ausgesetzt ist."

Die Tochter der Schnürls arbeitet als Flugbegleiterin und ist mit einem Berufspiloten verheiratet. Als ich fragte, ob das Ehepaar Angst um die beiden habe, sagten sie: „Nein, wir haben keine Angst. Wenn wir Angst hätten, wäre unser Leben nicht mehr schön. Wir würden nur noch auf den Unfall warten, der ihnen das Leben raubt." Das Ehepaar Schnürl hat nach dem Flug im Dezember 1989 noch häufig lange Flugreisen unternommen. Beide waren beim Fliegen weiterhin ruhig und gelassen. Glücklich erzählte Frau Schnürl, daß sie eben ein Flugticket nach Anchorage gekauft habe, um ihre Tochter zum 40. Geburtstag zu überraschen.

Nicht alle Menschen verfügen von Natur aus über die Fähigkeit, positiv zu denken. Positives Denken kann man aber üben. Es beginnt zunächst damit, sich bewußt zu machen, welche Nachrichten die Medien verbreiten und diese Informationen kritisch zu betrachten. Es ist leider so, daß nur Sensationen und negative Schlagzeilen (Mord, Raub, Krieg etc.) zur Steigerung der Verkaufszahlen führen. Mit positiven Informationen werden weniger Zeitungen verkauft. Dabei gibt es die positiven Seiten des Lebens viel häufiger. Wir müssen sie nur selbst finden (Hilfsbereitschaft der Nachbarn, Nächstenliebe, Attraktivität der Arbeit etc.). Wir werden leider nicht so häufig mit positiven Nachrichten überschüttet, sind aber aufgerufen, das Positive zu entdecken und uns zu entscheiden, ob wir eine positive oder negative Einstellung zum Leben entwickeln. Wichtig ist, sich bewußt zu machen, daß die positiven Gedanken zu einem mutigeren Leben, zu einem Leben mit weniger Angst führen.

Wie können wir positives Denken üben, um die Flugangst zu überwinden? Im Folgenden einige Beispiele:

Bitte denken Sie an ein Flugzeug. Was fällt Ihnen alles dabei ein? Wenn Sie Angst vor dem Fliegen haben, denken Sie vielleicht, daß ein Flugzeug eine unangenehme, geschlossene Röhre ist und Sie sich dort wie in einer Falle fühlen. Die Türen sind geschlossen, Sie können nicht aussteigen.

Diese Gedanken können Sie rot umrahmen, damit Sie wissen, es handelt sich um ihre Vorstellungen und nicht um die Realität. Oder Sie können sich für diese Gedanken strafen, indem Sie ein Gummiband gegen Ihr Handgelenk knallen lassen und sich befehlen, die Gedanken zu STOPPen.

Sie können aber auch diese Gedanken gegen positive umtauschen: Überfahren Sie den negativen Text mit einem

Bleistift, oder wischen Sie die negativen Gedanken mit einem nassen (gedanklichen) Schwamm ab, genauso wie Sie einen schmutzigen Boden wischen würden. Danach lesen Sie den folgenden Text einige Male aufmerksam durch:

*In einem Flugzeug bin ich in Sicherheit, es ist mir angenehm warm. Draußen herrscht eine Kälte von −50 Grad Celsius und ein starker Wind. Aber auf meinem Sitz fühle ich mich wohl. Ich kann mich entspannen, die Besatzung kümmert sich um meinen Komfort und meine Sicherheit.*

Und nun die nächste Aufgabe: Was verpassen Sie in Ihrem Leben alles wegen der Flugangst? Möchten Sie fremde Völker und Länder kennenlernen? Möchten Sie mit Ihrer Familie gemeinsam einen Urlaub verbringen, den Sie sich im Moment nicht zutrauen? Würden Sie beruflich weiterkommen, wenn Sie fliegen könnten? Würden Sie sich freier fühlen, wenn sie fliegen könnten?

Wenn Sie mindestens eine Frage mit „Ja" beantwortet haben, wird es sich lohnen, an der Flugangst zu arbeiten!

Wenn Sie Ihre Flugangst im Griff haben, wird sich Ihr Leben verändern. Was möchten Sie als erstes unternehmen? Die Verwandten in Australien besuchen? Sich an dem neuen Selbstwertgefühl freuen? Die Familie mit einem Urlaub überraschen, den alle anderen längst gewünscht haben, der mit Rücksicht auf Sie aber nicht realisiert werden konnte.

Sie werden frei und mutig sein! Machen Sie aus Ihren Träumen Realität!

Denken Sie in bezug auf die Fliegerei irgend einen positiven Satz, z. B.:

Ich wollte schon immer fliegen. Jetzt kann ich meinen Traum verwirklichen. Wenn ich fliegen kann, kann ich weite Reisen unternehmen und fremde Kulturen kennenlernen.

Machen Sie so weiter, es gibt viele Möglichkeiten!
Ich habe die Teilnehmer vieler Flugangstseminare mit ähnlichen Fragen konfrontiert. Ich bekam sehr interessante Antworten. Es war eindeutig, daß alle Teilnehmer wirklich fliegen wollten. Besonders erinnere ich mich an einen 27jährigen Mann, der beruflich zwei- bis dreimal im Monat fliegen mußte. Er konnte sein Leben ohne Angst sehr klar formulieren: „Die Qualität meiner Arbeit wird deutlich verbessert. Wenn ich keine Angst mehr habe, kann ich morgens verreisen und nachmittags ein berufliches Meeting besuchen. Bisher mußte ich einen Tag vorher fliegen, weil ich mich jedes Mal betrinken mußte und mich natürlich erst nach dem überstandenen Kater den Geschäften widmen konnte. Selbstverständlich bin ich dann selbst zufriedener mit meiner Leistung und schaffe natürlich auch quantitativ mehr."

## Entspannung

Es wurde in diesem Buch schon häufig auf die Bedeutung der Entspannung bei der Angstbewältigung hingewiesen. Nun müssen wir uns damit auseinandersetzen; es muß geklärt werden, wie eine Entspannungsmethode gelernt wird, wie und vor allem warum sie behilflich und so wichtig ist.

### Geschichte der Entspannungsmethode

Der Zusammenhang zwischen Angst, Spannung und Entspannung wird schon seit Jahrzehnten untersucht. Edmund Jacobson begann seine Forschungsarbeiten an der Universität Harvard im Jahr 1908. Schon in seinen frühen Untersuchungen stellte er fest, daß ein Spannungsgefühl immer mit einer Muskelkontraktion zusammenhängt. U. a. hat er herausgefunden, daß eine Muskelkontraktion auch dann stattfindet, wenn die Versuchsperson über ihre Angst berichtet, außerdem beseitigte er die Angst, indem er die Muskelspannung herabsetzte. So fand Jacobson den physiologischen Gegensatz der Spannung, die Muskelentspannung.

Damit verfügte er über eine Methode, um Angst- und Spannungszustände zu behandeln. Jacobson hat seine Theorie, die Methode und die Forschungsergebnisse in seinem Werk „Progressive Muskelrelaxation" (1938) publiziert. Er führte seine Forschungen bis etwa 1960 am Laboratorium für klinische Physiologie in Chicago fort. Seine Grundverfahrensweise umfaßte damals die Entspannung von 15 Muskelgruppen in ein bis neun einstündigen täglichen Übungen. Insgesamt wurden für das Erlernen der „Progressiven Muskelrelaxation" 56 Sitzungen mit systematischer Übung benötigt.

Jospeh Wolpe hat die Technik von Jacobson weiterentwickelt und aufgrund seiner Grundgedanken eine systematische Behandlungsmethode erstellt. Nach ihm handelt es sich bei der Angst um eine gelernte Reaktion auf einen Angststimulus. Die Angst konnte er erfolgreich abbauen, indem er die angsterzeugende Situation untersuchte und eine der Angst entgegengesetzte Reaktion während der schrittweisen Darbietung des beängstigenden Reizes hervorrief. Die Entspannung sah er als ideale Reaktion auf den angstauslösenden Reiz.

Die Jacobson-Technik wurde von Wolpe teilweise gekürzt, andererseits fügte Wolpe dieser Technik wichtige Teilschritte hinzu: die allmähliche Annäherung an die angsterzeugende Situation in einem entspannten Zustand, entweder durch Darbietung vorgestellter oder wirklicher

Reize. Auch hinsichtlich der Effizienz verbesserte Wolpe das Entspannungstraining, indem er die Anzahl der Übungsstunden verringerte.

Wollen wir nun die Entspannungsmethode bei der Behandlung der Flugangst einsetzen, bedeutet dies, daß zuerst Entspannung an sich gelernt werden muß. Anschließend folgen die anderen Übungen: In einem entspannten Zustand soll man sich beispielsweise eine Situation vorstellen, in der die Flugtickets in einem Reisebüro abgeholt werden oder in der man in einem Bus unterwegs zum Flughafen sitzt. Wenn die vorgestellte Situation einen Spannungszustand hervorruft, muß zunächst wieder die Konzentration auf die Entspannung gerichtet werden. Der Situation wird in der Vorstellung so oft begegnet, bis sie keine Spannung mehr erzeugt. Wenn allen beängstigenden Situationen in der Vorstellung begegnet wurde, wird an realen Situationen weitergearbeitet, wieder nach dem Prinzip, daß man sich als erstes einer relativ leicht erträglichen Situation aussetzt. Wird diese ohne Angst bewältigt, wird diese Prozedur weiter ausgeführt. Im Anfangsstadium reicht es vollkommen aus, daß man z. B. zum Flughafen geht, und dort eine Entspannungsübung unter den gegebenen Umständen macht (d. h. viele Reisende, Flugankündigungen, Geräusche der startenden und landenden Flugzeuge).

Wolpes Methode beinhaltet Entspannungsübungen unter der Anleitung des Therapeuten (insgesamt sechs Übungssitzungen von 20-minütiger Dauer). Täglich soll zu Hause zweimal 15 Minuten geübt werden.

Durch den geringeren Zeitaufwand und der positiven Behandlungseffekte ist Wolpes Technik eine sehr gut einsetzbare Therapiemethode.

**Möglichkeiten der Entspannungsmethode**

Ohne jeden Zweifel ist die Entspannungsmethode bei der Behebung oder Linderung vieler Leiden sehr erfolgreich. Sie kann in Streßsituationen eingesetzt werden, sie ist behilflich bei der Geburtsvorbereitung, Sportler setzen die Methode zur Erholung nach einem anstrengenden Training ein. Im weiteren ist Wolpes Entspannungstechnik in solchen Fällen wirksam, in denen der Spannungszustand des Körpers unangemessen hoch ist, wie z. B.

- Spannungskopfschmerzen, besonders in solchen Fällen, in denen eine medikamentöse Behandlung nicht erfolgreich war.
- Schlaflosigkeit, die von einer körperlichen Anspannung und von störenden Gedanken abhängig ist.
- Verschiedene Angstzustände, Nervosität, allegemeine Streß- und Spannungszustände. Es ist bei jedem Patienten wichtig, die Hintergründe der Angst zu klären. Häufig handelt es sich um real existenzbedrohliche Situationen (z. B. Konkurs, Scheidung, Krankheit), die zuerst geklärt werden müssen. Die Entspannungsmethode wird hier zweitranging eingesetzt, um mindestens eine momentane Erleichterung und Anschaffung positiver, unersetzbarer Kräfte zu erreichen.
- Die Gedächtnisleistung kann durch ein gezieltes Entspannungstraining verbessert werden.
- Die therapeutische Praxis weiß die Entspannungsmethode dort einzusetzen, wo der Patient zu einer Diskussion mit seinem Therapeuten nicht fähig ist: Die Beseitigung emotionaler Hemmungen vor einer schwierigen, belastenden Diskussion ist häufig durch Entspannung möglich.

### Wie und warum funktioniert die Entspannungsmethode?

Es ist äußerst wichtig, die Entspannungsmethode gründlich zu erlernen, damit sie auch in einer beängstigenden Situation wirksam ist. Es gibt jedoch keinen Schleichweg zum Erlernen der Methode. Schwimmenlernen, Ski-Abfahrtsfahren, Autofahren, Computerbedienen – das wirkliche Können und Beherrschen dieser Fertigkeiten setzt viel Übung, Wiederholung und Anwendung voraus. Genauso ist es mit dem Entspannungstraining. Meistens ist schon die erste Übung unter Anleitung des Therapeuten angenehm entspannend; es bedeutet jedoch nicht, daß man die Methode bei Bedarf einsetzen kann. Sie soll regelmäßig zu Hause geübt werden, am besten zweimal täglich. Je öfter die Methode geübt wurde, desto schneller kann ein tiefer Entspannungszustand erreicht werden. Anfangs werden vielleicht 20–25 Minuten zum Üben gebraucht; wenn man aber die Methode wirklich im Griff hat, lediglich nur ein paar Minuten, ja vielleicht nur 15–20 Sekunden, um in den erwünschten Zustand zu gelangen. Der Anfänger muß jede Muskelgruppe rhythmisch anspannen und entspannen – später braucht man nur diese Muskelgruppen gedanklich durchzugehen – man weiß ja schon, was man erreichen will und wie man sich während des angenehmen, schweren und warmen Entspannungszustands fühlt. Nach ausreichender Übung ist diese Methode voll einsatzfähig: überall und zu jedem Zeitpunkt schon bei den ersten Anzeichen von Angst anwendbar.

### Die Voraussetzungen für eine angenehme Entspannung

Ein tiefer Entspannungszustand wird meistens sehr angenehm empfunden. Während das Wachbewußtsein anhält, gleitet man in einen schlafähnlichen Zustand; man befindet sich eigentlich in dem Niemandsland zwischen Wachsein und Schlafen. Damit dieser angenehme Zustand und eine erfolgreiche Entspannung erreicht werden, sollte man einige wichtige Faktoren berücksichtigen.

Die Enspannungsübungen werden am besten unter der Anleitung eines Therapeuten gelernt. Mögliche Probleme – wie Muskelkrämpfe, Konzentrationsschwierigkeiten, störende Gedanken, Einschlafen und die Schwierigkeit, gewisse Muskelgruppen zu entspannen – können dann sofort diskutiert und die Entspannungsübung individuell geändert werden. Später ist es möglich, mit Hilfe einer Kassette zu üben, wobei man am besten der vertrauten Stimme des eigenen Therapeuten zuhören sollte. Vor jeder Entspannungsübung soll man sich vergewissern, daß man von niemandem gestört wird. Es ist ratsam, das Fenster und die Tür zu verschließen, um alle Störgeräusche zu eliminieren. Man kann auch den Vorhang schließen und das Licht ausmachen, um eine ruhige und gedämpfte Atmosphäre zu schaffen.

Außerdem wird ein gemütlicher Sessel gebraucht, an dem die Rückenlehne hoch genug ist, damit der Kopf auch die benötigte Stütze hat. Wer zu Hause übt, kann sich natürlich auch auf das Bett legen. Die Bekleidung darf bei der Übung nicht beengen, die Schuhe müssen ausgezogen werden, die Brille und die Armbanduhr sollte man weglegen. Es ist einfach nur wichtig, möglichst angenehme Bedingungen für die erfolgreiche Entspannung zu schaffen.

### Welche Auswirkungen hat Entspannung?

Mit Hilfe der Entspannungsmethode wird wahrscheinlich der entspannteste Zustand erreicht, welchen man wach erleben kann. Der Wunsch, sich zu entspannen, reicht allein noch nicht aus: Durch die systematische An- und Entspannung der Muskulatur kann man sich noch tiefer entspannen. Es gibt nichts Mystisches an dieser Methode – jeder kann sich selbst den entspannten Zustand schaffen. Es bleibt also das gesamte Geschehen unter der eigenen Kontrolle und wird nicht durch Suggestion hervorgerufen. Die Methode lernt man durch Übung und Anwendung so wie jede andere neu erworbene Fähigkeit auch.

Wir haben schon festgestellt, daß Muskelentspannung der physiologische Gegensatz der Muskelanspannung ist. Während einer Angstreaktion ist die Muskelanspannung erhöht. Der Mensch kann jedoch nicht gleichzeitig Angst haben und sich entspannen; deshalb wählen wir die Entspannung. Mit Hilfe dieser Methode wird schon dem ersten Angstsymptom (wie z. B. Zittern oder Herzklopfen) entgegengearbeitet.

**Warum ist Entspannung so wichtig?**

Sie ist wichtig, weil sie uns die Fähigkeit liefert, die Vorgänge in unserem Körper selbst zu beeinflussen. Während eines Angstzustandes wird der Puls und der Herzschlag beschleunigt, die Sauerstoffaufnahmefähigkeit der Lunge wird erhöht, es wird Adrenalin in die Blutbahnen ausgeschüttet. Es handelt sich hier um die autonomen Körperfunktionen, die wir durch einen bewußten Willen nicht beeinflussen können, so sehr man es auch möchte. Mit Hilfe der Entspannung können jedoch auch die autonomen Funktionen beeinflußt werden. Viele streng kontrollierte wissenschaftliche Untersuchungen haben bestätigt, daß Entspannung folgende physiologische Auswirkungen hat (Zeier, 1978, Zitat von Schandry in Bernstein-Borkovec):

Herz und Kreislauf:
- Senkung der Herzfrequenz
- Erweiterung der peripheren Gefäße (verstärkte Durchblutung, Wärmegefühl)
- Senkung des Blutdrucks

Muskulatur:
- Herabsetzung der Muskelanspannung (Muskeltonus)

Atmungssystem:
- Verlangsamung und Gleichmäßigkeit der Atmung (Abnahme der Ein- und Ausatmungshäufigkeit, längere Atempausen)

Hautleitfähigkeit:
- Abnahme der neurovegetativen Erregungsbereitschaft

Hirnstromaktivität (EEG):
- Abnahme der Beta-Wellen, die bei körperlicher oder nervaler Aktivität vorherrschen, Zunahme der Alpha-Wellen, die einen entspannten Zustand kennzeichnen.

Diese meßbaren physiologischen Veränderungen bestätigen, daß der Mensch durch Entspannung der willkürlichen Muskulatur die autonomen, selbständigen Körperfunktionen beeinflussen kann. Damit verfügt er über eine Methode, die es ihm ermöglicht, die Angstsymptomatik zu beeinflussen.

Zusammenfassend möchte ich noch einmal darauf hinweisen, daß der Mensch nicht gleichzeitig beängstigt und entspannt sein kann; nur eines von beiden ist ihm möglich. Da wir es uns selbst aussuchen können, wie wir uns einer beängstigenden Situation annähern, werden wir natürlich den entspannten Zustand vorziehen. Wenn wir gelernt haben, unseren Körper unter Kontrolle zu bringen, verfügen wir über eine Methode, die uns auch die Situationskontrolle ermöglicht.

## Wie entspannen wir uns?

Sind die äußeren Umstände für eine Entspannung geregelt, setzt man sich in einen gemütlichen Sessel oder man legt sich auf das Bett. Wählt man das Bett aus, ist es jedoch wichtig, ab und zu auch im Sitzen zu üben, damit die Entspannung auch im Flugzeugsitz später gelingt. Es ist ratsam, hierbei daran zu denken, daß es sich um eine Lernsituation handelt. Deshalb soll man während der Übung nicht einschlafen, mit der Ausnahme der Anwendung dieser Methode bei Schlaflosigkeit. Während einer Entspannung wäre es zwar angenehm, sich langsam in den Schlaf gleiten zu lassen; ein schlafender Mensch ist jedoch nicht fähig, die Methode zu lernen – und in einer beängstigenden Situation ist wohl das Schlafen das allerletze, wozu der Mensch fähig ist! Die volle Konzentration soll dann auf das Zuhören und Beachten der Anweisungen des Therapeuten gerichtet werden. Die Muskelgruppen werden nacheinander fünf bis sieben Sekunden lang angespannt. Dann folgt die Entspannungsphase (15–20 Sekunden). Die Anspannung muß immer sofort – nicht nach und nach – gelockert werden. Während der An- und Entspannung soll die volle Konzentration auf die Muskelgruppen gerichtet werden, an denen gerade gearbeitet wird. Die Übungen werden an der dominanten – meistens rechten – Hand begonnen, danach folgt die Armmuskulatur. Immer einige

Sekunden lang anspannen, dann 15–20 Sekunden entspannen. Es folgt die andere Hand und der andere Arm, danach die Gesichtsmuskulatur: die Stirn, die Augenlider, die Lippen, die Zunge und die Kiefermuskulatur.

Nach der Gesichtsmuskulaturentspannung werden der Nacken und die Schulterregion entspannt. Besonders wichtig ist die Entspannung der Schultern und die Übung kann einige Male wiederholt werden; häufig sitzt oder arbeitet man unbewußt in einer gespannten Stellung, welche Kopf- und Nackenschmerzen oder bleibende Spannungen verursachen kann.

Danach wird an der Brust-, Rücken- und Bauchmuskulatur gearbeitet, und anschließend erfolgt die Entspannung der Sitz- und Beinmuskulatur: die Oberschenkel, die Unterschenkel, die Füße und die Zehen, wieder die dominante Seite zuerst, ein Bein nach dem anderen.

Wenn wir die Zehen entspannt haben, wird die Übung schon 20–25 Minuten gedauert haben. Die Gedanken haben sich beruhigt, man wird wohlige Wärme und Schwere spüren, und die körperlichen Funktionen haben sich verlangsamt. Die Entspannung erreicht den Menschen als ein psychophysisches Ganzes; sie vermag genauso gedankliche Sturmwellen legen wie auch körperliche Erregung abbauen.

Wenn der Therapeut seinen Klienten nach der Übung „weckt", wird er sich ähnlich wie nach einem Mittagsschlaf fühlen. Man soll sich langsam wieder in einen vollen und klaren wachen Zustand gewöhnen; also sich ausstrecken wie morgens nach dem Erwachen. Die Aktivität soll nur langsam und ruhig wieder gesteigert werden. Diese Grundmethode soll lange und regelmäßig zu Hause geübt werden. Wenn die Entspannung dann wie automatisch gelingt, kann die Übung gekürzt werden.

Statt der getrennten Anspannung der Hand- und Armmuskulatur können sie nun gleichzeitig angespannt werden. Auch die Gesichtsmuskulatur wird gleichzeitig angespannt: Stirn runzeln, Augen zukneifen, Lippen gegeneinanderpressen und die Zunge gegen den Gaumen anspannen. Nach der Entspannungsphase geht es weiter: den Nacken und die Schultern gleichzeitig anspannen, und anschließend die Lunge mit Luft füllen, den Atem anhalten und noch den Bauch einziehen. Die Sitzmuskulatur und die gesamte Bein- und Fußmuskulatur werden zuletzt angespannt und wieder entspannt.

Wurde dann soweit fortgeschritten, daß die gekürzte Übung genauso erfolgreich funktioniert wie die Grundübung, kann sie noch einmal gekürzt werden. Noch mehr Muskelgruppen können zusammengefaßt werden (z. B. beide Hände und Arme gleichzeitig und beide Beine gleichzeitig). Oder aber es wird die Anspannungsphase ganz weggelassen: die Muskelgruppen werden gedanklich durchgearbeitet und man konzentriert sich auf das Gefühl der tiefen und angenehmen Entspannung. Es gibt viele Möglichkeiten, die Entspannung zu verkürzen, man kann sogar selbst welche erfinden, nachdem man schon der Entspannungsexperte des eigenen Körpers geworden ist.

Hat man gelegentlich Schwierigkeiten, sich z. B. im Beisein anderer Menschen zu entspannen (im Bus, im Flughafengebäude), ist es ratsam, einen kleinen Kassettenrecorder (Walkman) mitzunehmen, und einer Entspannungsübung auf der Kassette zuzuhören. So kann man die Übung problemlos bereits auf dem Weg zum Flughafen machen und nach dem Einchecken damit fortsetzen. Häufig führen Personen, die gut eingeübt sind, die Anspannungen gar nicht mehr aus, sondern sie können sich voll entspannen, in dem sie der vertrauten Trainerstimme auf der Kassette zuhören. Zu Hause soll man aber die Entspannung auch ohne Kassette üben, um nicht Gefahr zu laufen, von der Stimme des Trainers abhängig zu werden.

Es ist wichtig, sich daran zu erinnern, daß erst „die Übung den Meister macht"; somit wird die Entspannung zu einem „Werkzeug", das man immer und überall mit sich trägt und jederzeit einsetzen kann. Damit haben wir eine Möglichkeit und eine Fähigkeit, in einer beängstigenden Situation aktiv zu sein und dieser Situation entgegenzuarbeiten. Wenn die eigenen Körperreaktionen kontrolliert werden können, kann auch die gesamte beängstigende Situation unter Kontrolle gebracht und ihr mit Ruhe begegnet werden.

### Entspannung und Vorstellungsübungen

Die Effektivität der Entspannungsübungen kann gesteigert werden, indem diese mit Vorstellungsübungen kombiniert werden. Zuerst müssen aber die Vorstellungen hierarchisch je nach ihrer angsterzeugenden Intensität angeordnet werden. Handelt es sich um die Bewältigung von Flugangst, werden die Beispiele mit Fluggeräuschen, Ticketbestellung oder Start- und Landeanflug zu tun haben.

Im Folgenden finden Sie ein Modellbeispiel einer Hierarchie; sie wird sicherlich von Ihrer abweichen. Deshalb bitte ich Sie, Ihre eigene Hierarchie aufzustellen!

Wir fangen mit einer ruhigen und gemütlichen Situation zu Hause an (z. B. sitzen Sie in Ihrem Lieblingssessel und lesen in einer Zeitung, die nichts mit dem Fliegen zu hat).

Diese Situation wird mit „0" bewertet; Sie sind vollkommen ruhig. Auf der nächsten Stufe wird eine Situation ausgesucht, die leicht beunruhigend wirkt: zehn Punkte. Zum Schluß haben Sie zehn Situationen aufgelistet, deren beängstigende Qualität langsam gesteigert wird; als letztes wird es eine Situation geben, welche mit hundert Punkten bewertet wird und starke Angst- oder Panikgefühle verursacht.

Hierarchiebeispiel:

| Situation | Punktwert |
|---|---|
| 1. Zu Hause gemütlich sitzen und lesen. | 0 |
| 2. Über ein Flugzeugunglück in einer Zeitung lesen. | 10 |
| 3. Ein Reiseziel zu Hause aussuchen und besprechen. | 20 |
| 4. Die Flugtickets in einem Reisebüro abholen. | 30 |
| 5. Ein fliegendes Flugzeug beobachten, die Fluggeräusche hören. | 40 |
| 6. Die Wohnung verlassen und zum Flughafen fahren. | 50 |
| 7. Durch die Sicherheitskontrolle gehen. | 60 |
| 8. Das Flugzeug betreten. | 70 |
| 9. Sitzgurt befestigen. | 80 |
| 10. Die Flugzeugtüren werden geschlossen. | 90 |
| 11. Das Flugzeug startet. | 100 |

Die persönliche Hierarchie wird sicher unterschiedlich sein, abhängig davon, welche Vorbereitungs- oder Flugsituation einen am meisten beunruhigt. Einige Passagiere haben nur Angst vor einer Reise, und setzen sich ruhig hin, wenn sie endlich im Flugzeug sind. Manche haben Angst vor der Landung, manche vor Turbulenzen. Stellen Sie bitte nun Ihre persönliche Hierarchie auf.

In der Übungsphase, in der die Vorstellungsübung und die Entspannungsübung kombiniert werden, geht man folgendermaßen vor: Sie entspannen sich genauso, wie Sie es gewohnt sind. Wenn Sie alle Muskelgruppen durchgearbeitet haben, denken Sie an die Situation, welche Sie mit zehn Punkten bewertet haben. Versuchen Sie, die Situation lebendig in Ihrer Vorstellung auszumalen, steigen Sie in dieses Vorstellungsbild ein, erleben Sie die Situation in all ihren Farben. Ist die Situation beängstigend oder verursacht sie Verspannungen, wischen Sie alles mit einem nassen, gedanklichen Schwamm ab, als ob Sie Kreide von einer Wandtafel abwischen wollten. Und dann wird die gesamte Konzentration wieder auf die Entspannung gerichtet. Wenn Sie sich wieder vollkommen ruhig fühlen, stellen Sie sich die gleiche Situation noch einmal vor; und so fahren Sie fort, bis kein Spannungsgefühl mehr auftritt. Dann machen Sie weiter mit der Situation, die 20 Punkte erhalten hat. In dieser Weise wird die ganze Hierarchie durchgearbeitet; wichtig dabei ist, die Vorstellung in dem Moment abzuwischen, in dem sie beengend wird. Wenn man gelernt hat, eine beängstigende Situation in der Vorstellung zu begegnen, wird es einem leichter fallen, der Situation in der Realität zu begegnen. Sie wurde gedanklich ja schon bewältigt, und wenn sie einen real beengt, setzt man eine Entspannungsübung ein.

### Entspannungsübungen in realen Situationen
Es ist wichtig, sich auch in der Praxis an den beengenden Situationen zu üben. Wenn Sie sich auf dem Flug-

hafen unwohl fühlen, gehen Sie, eventuell mit Ihrem Partner hin (der Ihre Angst akzeptiert und nicht bagatellisiert), und entspannen Sie sich an Ort und Stelle. Machen Sie sich vertraut mit den Flughafenprozeduren, schauen Sie sich die Räumlichkeiten an. Ein anderes Mal können Sie vielleicht noch einmal hingehen und im Restaurant speisen. Das wäre deshalb schon ratsam, da man meistens von einem Flughafenrestaurant aus gute Sicht zu den Start- und Landebahnen hat – und viele Menschen können gar nicht ans Essen denken, wenn sie Angst haben. Haben Sie ein ungutes Gefühl, ist wieder eine Entspannungsübung ratsam.

Es ist sehr empfehlenswert, sich an die beengenden Situationen nur langsam und in kleinen Schritten zu nähern. Wenn man Flugangst hat, soll man nicht unvorbereitet einen Flug buchen, sondern sich in aller Ruhe an die unterschiedlichsten Vorbereitungs- und Abflugsituationen gewöhnen, ohne daß das Flugticket in der Tasche schon Alarm schlägt.

Genauso wird der beängstigenden Situation auf den Flugangstseminaren begegnet. Am ersten Seminartag schauen sich die Teilnehmer die Flugzeuge nur auf Video an und im Flugsimulator werden Entspannungsübungen gemacht. Erst später kommt man mit echten Flugzeugen in Kontakt, vielleicht zuerst mit denen, die in den Service-Hallen stehen und für einen Flug vorbereitet werden. Es wird erst dann geflogen, wenn auch schon ein richtiger Flug im Simulator geübt wurde, wenn man also schon sehr reale Fluggeräusche und -bewegungen wahrgenommen hat. Es ist wichtig, sich an die unterschiedlichsten Phasen zu gewöhnen. Das Erreichen eines jeden Zwischenziels wird uns motivieren weiterzumachen, und der reale Flug kann dann sogar wie ein Preis entgegengenommen werden – wie ein Preis, den man sich hart erarbeitet und somit verdient hat.

## Die richtige Atmung

Das autonome Nervensystem ist für unsere Atmung zuständig und deshalb müssen wir uns nicht um sie kümmern, egal was wir tun: ob wir schlafen, uns anstrengen oder uns ausruhen. Jedoch können wir unsere Atmung auf verschiedene Art und Weise beeinflussen.

Im Wachzustand atmen wir häufig falsch – erst im Schlaf wird die Atmung ihren richtigen Rhythmus finden. Beobachten Sie doch einmal ein schlafendes Familienmitglied, sei es der Partner, das Kind, die Katze oder der Hund: die Atmung verursacht keine Anstrengung, sie geht ruhig und rhythmisch vor sich. Mit jeder Ein- und Ausatmung bewegt sich der Bauch auf und ab.

Wenn wir im Wachzustand falsch atmen, wird häufig die Bauchatmung vergessen bzw. außer Acht gelassen. Die eingeatmete Luft gelangt nicht weiter als in die Lunge, nur der Brustkorb bewegt sich im Atemrhythmus. Diese Art von Atmung sollte nur dann stattfinden, wenn wir uns anstrengen und der Körper kurzfristig viel Sauerstoff braucht wie z. B. bei sportlicher Betätigung. Häufig verhindert eine zu enge Kleidung, wie z. B. an der Haut enganliegende Jeans oder enge Röcke, die richtige Atmung.

Der Mensch atmet entweder durch die Nase oder durch den Mund ein. Die Nase erfüllt bei der Atmung eine sehr wichtige Aufgabe: Sie reinigt, befeuchtet und wärmt die eingeatmete Luft vor und außerdem riecht die Nase, welche

Luft sie einatmet. Von der Nase besteht eine Verbindung zum Innenohr, das Gleichtgewichtsorgan.

Der Mund kann die Aufgabe der Nase in solchen Fällen übernehmen wie z. B. im Zusammenhang mit einer Erkältung oder wenn kurzfristig viel Sauerstoff benötigt wird (Sport, Anstrengung, Gefahr).

In einer Angstsituation sollte man der Atmung einige Aufmerksamkeit widmen und nicht durch den Mund nach Luft schnappen. Die Atmung sollte bewußt verlangsamt werden. Dies ist natürlich nicht immer einfach, aber kann man sich dadurch helfen, indem man durch Zählen der Atmung bewußt einen Rhythmus gibt:

Einatmung: ein, zwei, drei, Pause

Ausatmung: ein, zwei, drei, vier, fünf, sechs

Atmungspause: ein, zwei, drei.

Wenn man Atmungsphasen nach ihrer Bedeutung für die richtige, entspannungsunterstützende Atmung einordnen wollte, so wäre die Ausatmungsphase hierfür die wichtigste. Deshalb wird während der Ausatmung bis sechs gezählt (falls man es schafft, noch weiter), und die gesamte eingeatmete Luft wird vollständig ausgeatmet, damit die neu eingeatmete, saubere Luft in der Lunge Platz hat. Während der Ausatmung kann sich der Körper am besten entspannen, deshalb sollte man sich auf die Ausatmung konzentrieren. Um selbst kontrollieren zu können, daß die eingeatmete Luft auch den richtigen Ort erreicht, kann man die Hände auf den Bauch legen; solange der Bauch sich rhythmisch auf und ab bewegt, atmet man richtig.

Am Anfang dieses Buches wurden Atemstörungen erörtert, die während beängstigender Situationen auftreten können

(Hyperventilation, Atemnot). Durch richtiges Atmen können diese Störungen vermieden werden – also durch die Nase bis in die Lungenspitzen einatmen, den Bauch durch Auf- und Abbewegungen mitatmen lassen und langsam und gründlich ausatmen. Sollte Ihnen dies schwerfallen – trotz des Zählens – stellen Sie sich vor, es befindet sich ein durchsichtiger Ballon in Ihnen. Ihr Atem ist Flüssigkeit, welche den Ballon bei jeder Einatmung füllt – und bei jeder Ausatmung leeren Sie Ihren Ballon, bis kein Tropfen mehr zu finden ist. Vorstellungen, „innere Bilder", können häufig behilflich sein, falls das „trockene" Zählen nicht richtig gelingen will. Hauptsache ist, daß wir der richtigen Atmung Aufmerksamkeit widmen, da wir somit unserem Körper helfen, der Angstreaktion entgegenzuarbeiten. Unser Körper ist leider allzu oft ein Gefangener unserer Emotionen. Können wir diesen „Gefangenen" entlassen, wird sehr viel Energie für produktivere Zwecke freigesetzt, denn ein Leben mit Angst nimmt uns viel Kraft, eine Unmenge von Treibstoff, den jeder von uns besser einzusetzen wüßte.

### Zeitvertreib auf Flugreisen

Schon zu Hause, vor Beginn einer Reise, kann man sich darüber Gedanken machen, wie man die Zeit während des Fluges verbringt – sonst ertappt man sich allzu leicht bei der Beobachtung der Fluggeräusche oder der Besatzung; und damit kann man sich ja schon selbst in eine Unruhesituation bringen. Nebenbei gesagt: die Beobachtung der Flugbegleiter/innen ist natürlich im positiven Sinne sicher erlaubt (Aussehen, Frisur, Kleidung, Lächeln) – aber hier geht es eher darum, die Suche nach Unruhezeichen zu *stoppen*! Den meisten von uns fällt es schwer, lange Zeit auf einem Platz zu bleiben, wenn man nichts Interessantes zu tun hat. Eine Journalistin, die an einem Flugangstseminar teilnahm, erzählte mir nach vielen erfolgreichen Flugreisen nach dem Seminar, wie sie ihre Gedanken von der Beobachtung des Fluges ablenkt. Einige Tage vor dem geplanten Flug kauft sie sich einen Roman, und liest den größten Teil bereits zu Hause, die letzten 50–100 Seiten aber erst auf dem Flug. So hat sie während des Fluges eine interessante Beschäftigung, die ihr aber nicht gelingen würde, wenn sie die erste Seite eines ganz neuen Buches aufschlagen würde.

An dieser Stelle soll noch einmal an die Methode erinnert werden, die negativen Gedanken durch einen energischen „Stopp" und eventuell einen Kniff ins Handgelenk zu unterbrechen. Sofort danach sollte man neue Inhalte in die Gedanken aufnehmen, wie z. B.

- Zeitung, Buch oder Zeitschrift lesen
- Arbeitspapiere lesen, Notizen machen
- Mit dem Sitznachbarn unterhalten
- Musik hören (eigenen Walkman oder die Musikprogramme auf Langstreckenflügen)
- Entspannungskassette anhören
- Briefe schreiben
- Zeichnen
- Kreuzworträtsel lösen
- Häkeln, stricken
- Schlafen
- Für eine Prüfung lernen
- Karten spielen

- Das Personal auf positive Merkmale hin beobachten. Wenn ich negative Anzeichen suche, stoppe ich meine Gedanken.

Wird nun der Flug mit Hilfe von aktiver Eigenarbeit gut überstanden, sollte man sich auch dafür belohnen, stolz auf sich sein und sich selber auf die Schulter klopfen. Eine Seminarteilnehmerin wollte sich konkret für den erfolgreich überstandenen Seminarflug belohnen. Ihr Mann und jedes ihrer drei Kinder hatten schon ihre eigenen „Walkman-Stereos", sie aber hatte keinen, den sie jederzeit hätte mitnehmen können. Deshalb kaufte sie sich in dem Tax-free-Geschäft des Flughafens einen Walkman und hörte die Entspannungskassette während des Fluges. Auf späteren Flügen plante sie, Musik zu hören, und auch im Reiseziel Musikkassetten als Reiseandenken zu kaufen.

Aufgrund der Sicherheitsvorschriften ist es nicht erlaubt, während des Starts und des Landeanfluges eine eigene Musikanlage zu benutzen. Jedoch während des Reisefluges, wenn das „Fasten Seat Belt"-Schild nicht mehr aufleuchtet, kann man sie getrost einschalten. Am besten sollte man die Flugbegleiter fragen oder sich informieren, wann man die Anlage benutzen kann.

### Richtige Informationen

Fliegen ist die sicherste Fortbewegungsart, bei weitem sicherer als das Fahren mit dem Pkw. Wir alle setzen uns gelassen an das Steuer im eigenen Wagen – gleichzeitig befallen uns aber unangenehme Gedanken beim Betreten eines Passagierflugzeuges. Die Wartung beider Verkehrsmittel läßt sich nicht direkt miteinander vergleichen. Ein privater Pkw wird vielleicht einmal im Jahr gewartet – oder dann, wenn der Besitzer dies für angemessen hält. Er ist nicht durch Gesetze verpflichtet, bestimmte Intervalle einzuhalten. Allein seine eigene Sicherheit oder der Wiederverkaufswert des Wagens sind für ihn die wichtigsten Argumente zu einer Inspektion. Ein Flugzeug wird aber vor jedem Flug gewartet und kontrolliert. Die Fluggesellschaften sind verpflichtet, den Vorschriften des Gesetzgebers und des entsprechenden Herstellers Folge zu leisten, um die vom Gesetzgeber durchgeführten Sicherheitskontrollen bestehen zu können.

Dies bedeutet, daß alle Störungen oder Fehler, die während eines Fluges auftreten oder beobachtet werden, ins Log-Buch (Technical log book) eingetragen werden. Am Ende des Fluges wird es bei der Gesamtübergabe des Flugzeuges dem Techniker überreicht und die einzelnen Punkte werden mit ihm besprochen. Der Techniker repariert anschließend diese Störungen bzw. veranlaßt, daß entsprechende Teile besorgt werden. Sollte ein bestimmtes Problem nicht sofort gelöst werden, kann unter Umständen mit der Reparatur gewartet werden, bis die nächste größere Wochenreparatur durchgeführt wird. Das Flugzeug darf inzwischen nur eingesetzt werden, wenn dies in einer bestimmten, amtlichen Liste (MEL – minimum equipment list) ausdrücklich erlaubt wird. Zum Beispiel darf ein Generator ausfallen, wenn die APU (auxillary power unit – Hilfsturbine) normal funktioniert und eingesetzt werden kann. Normalerweise reicht ein Generator aus, um das Flugzeug elektrisch zu versorgen. Die APU ist nur als Sicherheitsreserve gedacht. Das Flugzeug darf erst wieder starten, nachdem es repariert wurde. Jede Reparatur wird ebenfalls im Log-Buch und mit Unterschrift des Prüfers aufgezeichnet. Jeden Morgen kontrollieren die Piloten das Log-Buch und entsprechend das Flugzeug, bevor sie mit ihrer Unterschrift dokumentieren, daß die Sicherheitsbestimmungen eingehalten worden sind und sie ab diesem Zeitpunkt für die Sicherheit verantwortlich sind.

Die Fluggesellschaften können daher die Wartungen nicht einfach aus Kostengründen vernachlässigen.

Hinter Flugangst verbergen sich oft falsche Vorstellungen, Vorurteile oder ungenügende Kenntnisse über das Fliegen. Häufig fehlt die richtige Information über die Sicherheit und die entsprechenden Vorschriften, die den Flugverkehr betreffen. Gerade wenn jemand von einem Flug wie von einer Heldentat berichtet, sollte man die Ohren versperren. Piloten müssen tagtäglich keine Heldentaten vollbringen, sondern ihren normalen Aufgaben nachgehen. Ihr Beruf setzt allerdings voraus, daß jeder von ihnen unter den schwierigsten Bedingungen zu einer Heldentat fähig ist. Hierzu werden sie geschult. Die wenigsten von ihnen müssen diese Tat allerdings wirklich vollbringen.

# 4 Vom Start bis zur Landung

## Flugsicherheit

Obwohl der Luftverkehr in den letzten Jahren enorm zugenommen hat, ist Fliegen von Jahr zu Jahr sicherer geworden. Eine Reihe von vorbeugenden Maßnahmen und eine stetige technische Weiterentwicklung haben hierzu beigetragen. Die Zahl der beförderten Passagiere und der Flüge hat stetig zugenommen. Konstant geblieben ist jedoch die Anzahl der Todesopfer. Diese Tatsache zeigt einen gewaltigen Fortschritt im Bereich Flugsicherheit. Die Statistiken der IATA (International Air Transport Association) und ICAO (International Civil Aviation Organization) belegen, daß im Jahr 1995 bei insgesamt 66 Unfällen 1101 Opfer der Luftfahrt zu beklagen waren (26 Unfälle des flugplanmäßigen Verkehrs mit 710 Opfern und 40 Unfälle des nicht-flugplanmäßigen Verkehrs mit 391 Opfern). Diese Zahlen beinhalten nur Unfälle, bei denen Menschenleben zu beklagen waren.

Im Jahr 1994 hat der Luftverkehr weltweit 1,06 Milliarden Passagiere befördert, das sind 7% mehr als im Jahr zuvor. Für 1995 wird von IATA ein Zuwachs von 7–8% im Vergleich zum Vorjahr erwartet (Tim Goodyear, IATA-PR-Direktor, 05. 02. 1996). Die detaillierten Statistiken der IATA belegen, daß die Zahl der Opfer im Luftverkehr sich im Laufe der Zeit nicht verändert hat. Im Schnitt sind etwa Tausend Opfer im Jahr zu beklagen. Die Statistiken der IATA zeigen weiterhin, daß Fliegen bei weitem die sicherste Art der Fortbewegung ist. Pro eine Milliarde Personenkilometer sterben in der Luftfahrt 0,3 Personen. Im Straßenverkehr liegt die entsprechende Anzahl bei 19,6 Personen. Um diese gewaltigen Zahlen besser zu verstehen, muß noch hinzugefügt werden, daß eine Milliarde Passagierkilometer 25 000 Flüge um unseren Globus bedeuten. Ein einziges Flugzeug wäre demnach etwa 150 Jahre ohne Zwischenlandung unterwegs.

Häufig wird angenommen, daß ein Flugzeugunglück immer fatal verläuft – mit anderen Worten, daß die gesamte Besatzung und alle Passagiere sterben. Die Anzahl solcher Unfälle, bei denen niemand überlebt, liegt jedoch nur bei 10%. Mit anderen Worten besteht in 90% der Unfälle die Möglichkeit zu überleben. Ob alle oder ein Teil der Besatzung und der Passagiere überleben, hängt unter anderem auch vom Verhalten der einzelnen Personen ab. In einer bedrohlichen oder kritischen Situation werden zwischen 10 bis 30% der Passagiere wie gelähmt sein. Trotz einer erheblichen Bedrohung bleibt der Passagier wie benommen auf seinem Platz, häufig unerreichbar für seine Umgebung. Sein Sitzgurt bleibt geschlossen, er unternimmt nichts, um gerettet zu werden. Ein Teil der Passagiere kann in Panik geraten. Es sind allerdings im richtigen Leben nur maximal 1%. Insofern sind die bewegungsunfähigen Passagiere ein größeres Problem bei der Evakuierung aus einem Flugzeug. Ob man ein Flugzeugunglück überlebt oder nicht, ist häufig vom Zeitfaktor abhängig. Sekunden zählen – alles muß schnell gehen – deshalb kann gar nicht oft genug betont werden, wie wichtig es ist, daß der einzelne weiß, wo sich im Notfall sein Notausstieg befindet. Er muß diesen auch in der Dunkelheit finden können. Dazu sind Lichtstreifen auf dem Fußboden angebracht.

Außerdem kann man auf jedem Flug, nachdem man seinen Platz eingenommen hat, die Sitzreihen zählen, die vor oder hinter einem liegen, um den nächsten Notausstieg erreichen zu können.

Wir kommen hier zurück zu dem Thema, das wir schon früher behandelt hatten: Bewußtsein über die Orientierung im Flugzeug, Schwimmweste finden und anlegen, handlungsfähig bleiben. Ist man sich darüber im Klaren, was in einer möglichen Unfallsituation zu tun ist und wie man sich verhalten muß, kann man den beschriebenen Lähmungszustand vermeiden. Dieser Lähmungszustand bedeutet einfach Flucht aus einer bedrohlichen Realität, die Möglichkeit des Todes wird aus dem Bewußtsein in das Unbewußte verschoben. Damit verliert der Mensch seine Handlungsfähigkeit und die Besatzung viel Zeit, weil sie die unkooperativen Passagiere aus dem Flugzeug befreien muß. Die wenigen panisch reagierenden Passagiere sind für die Besatzung ein kleineres Problem, da sie schon in Bewegung sind; hierbei ist die wichtige Aufgabe der Besatzung, diese Personen in die richtige Richtung, zum nächsten Exit, zu kommandieren.

Bei den genannten 10% der Unfälle mit fataler Folge für alle Beteiligten handelt es sich um seltene Fälle – z. B. um einen Flug ins Gebirge. Die meisten Unfälle (80%) geschehen jedoch in der Nähe von Flughäfen, also bei Start oder Landung, und ein Großteil (80%) der Besatzung und der Passagiere wird gerettet. Die Flugsicherheit kann auf unterschiedlichste Art und Weise definiert oder berechnet werden. Eine Statistik aus den USA belegt die Flugsicherheit wie folgt (die Zahl bedeutet die Anzahl der Todesopfer in den USA im Jahr 1992):

| Situation | Anzahl der Todesopfer |
|---|---|
| Verkehrsluftfahrt | 33 |
| Tod in der Badewanne (Statistik vom Jahr 1990) | 318 |
| Hinrichtung durch den elektrischen Stuhl (1990) | 670 |
| Schießerei | 1400 |
| Ersticken | 2700 |
| Feuer und Brand | 4000 |
| Vergiftung | 5900 |
| Fußgänger | 6500 |
| Vom Ehepartner/in ermordet | 7000 |
| Sturz oder Fall | 12400 |
| Motorisierter Straßenverkehr | 33800 |

Vergleicht man die Anzahl der Todesopfer und der ernsthaft verletzten Opfer der Luftfahrt-Unfälle und die Opfer bei Unfällen mit anderen Verkehrsmitteln, entsteht folgende Anordnung, beginnend mit dem gefährlichsten Verkehrsmittel:

1. Motorrad
2. Personenwagen
3. Bus
4. Schiff
5. Eisenbahn
6. Flugzeug.

Statistiken allein können uns das Gefühl der Flugangst nicht nehmen. Ein Mensch, der unter Flugangst leidet, bekommt durch Statistiken wenig Hilfe – er muß sich sicher *fühlen* können.

Wie kann man das Phänomen erfassen? Welche wichtigen Faktoren spielen eine Rolle bei der Flugsicherheit? Wer überwacht, daß den Vorschriften auch Folge geleistet wird? Was muß ein einzelner Passagier beachten?

Die ICAO ist eine Tochter der UNO mit Sitz in Montreal. Sie erstellt die Richtlinien für den internationalen Luftverkehr. Diese Vorschriften werden von den einzelnen Regierungen in ihre Gesetze eingearbeitet. So ist auch das Luftverkehrsgesetz der Bundesrepublik kompatibel mit den Richtlinien der ICAO. Außerdem werden innerhalb dieser Organisation die medizinischen Mindestanforderungen für die Piloten festgelegt. Die Zusammenarbeit erfolgt auch mit Fluggesellschaften und deren Verbänden. Auf diesem Wege entstehen internationale Verfahren und Sicherheitsbestimmungen, die den Luftverkehr ständig verbessern und entsprechende technische Entwicklungen berücksichtigen. Diese Vorschriften betreffen alle Fluggesellschaften in gleichem Maße. Viele Dinge können die einzelnen Gesellschaften nicht eigenständig entscheiden, z. B. die Wartungsintervalle der Flugzeuge. Sie müssen hier den Wartungsvorschriften des Gesetzgebers folgen. Dieser hat für jeden Flugzeugtyp einen individuellen Wartungsplan erstellt, der von den Behörden genehmigt und auch überwacht wird. Viele einzelne Faktoren sind für die Sicherheit im Luftverkehr verantwortlich. Ein wichtiges Beispiel stellt die Beladung eines Flugzeuges dar. Für jeden einzelnen Start wird ein maximales Abfluggewicht ermittelt. Wetterfaktoren (Wind, Temperatur, Regen etc.), die Länge der Startbahn und deren Beschaffenheit, aber auch die Hindernisfreiheit hinter dem Flughafen bilden wichtige Faktoren, die das Abfluggewicht verändern können. An einem windstillen, heißen Sommertag ist die Luft vergleichsweise dünner und trägt nicht so gut wie an einem kalten Wintertag mit viel

Gegenwind. Hieraus ergeben sich schon Unterschiede, die eine Zwischenlandung zum erneuten Tanken erforderlich machen könnten. Flugbenzin (Kerosin) ist der eigentliche variable Faktor bei der Berechnung der Beladung. Das Gepäck des Passagiers wird beim Einchecken gewogen. Für einen einzelnen Passagier mit seinem Handgepäck ist ein durchschnittliches Gewicht von 78 kg zugrunde gelegt worden. Somit sind die „Frachtdaten" bekannt.

Für eine bestimmte Flugstrecke wird eine entsprechende Menge Treibstoff errechnet, die verbraucht werden darf. Aus Gründen der Sicherheit wird aber deutlich mehr Kerosin mitgenommen, das nach der Landung noch im Tank bleibt. Würde das Wetter an einem bestimmten Tag nur ein relativ niedriges Abfluggewicht erlauben, müßte die Menge Kerosin eingeschränkt werden. Die Fracht und Passagiere werden im Flugzeug so plaziert, daß ein optimales Gleichgewicht hergestellt wird. Weniger Treibstoff bedeutet, daß eine Zwischenlandung zum Tanken erforderlich ist, um zum Ziel zu gelangen. Der „Reservetreibstoff" darf in einem solchen Fall nicht angegriffen werden. Er wird nur aus Sicherheitsgründen mitgenommen. Auch dies wird vom Gesetzgeber kontrolliert.

Die Passagiere gehen mit ihrem Handgepäck auf dem Weg zum Flugzeug durch eine Sicherheitskontrolle. Auch das aufgegebene Gepäck wird an modernen Flughäfen durchleuchtet, bevor es ins Flugzeug geladen werden darf. Falls ein Gepäckstück nicht genau zugeordnet werden kann, muß jeder Passagier beim Einsteigen seinen Koffer identifizieren. Dieses Verfahren wird auch durchgeführt, wenn ein Passagier eincheckt, dann aber nicht zum Flug erscheint. Sollte in solch einem Fall der Koffer bereits eingeladen worden sein, muß dieser wieder ausgeladen werden, bevor das Flugzeug starten darf. Diese Maßnahme ist für alle Beteiligten zwar lästig, denn meist bedeutet dieses Verfahren eine Verspätung. Aus Gründen der Sicherheit kann von dieser Maßnahme jedoch nicht abgewichen werden.

Auch ein einzelner Passagier kann viel für die Sicherheit leisten. Zunächst sollte er die Menge seines Handgepäcks einschränken. Nur sechs Kilogramm sind pro Passagier erlaubt. Bestimmte Güter und gefährliche Stoffe dürfen im Gepäck eines Passagiers aus Gründen der Sicherheit nicht enthalten sein: pyrotechnische Stoffe, Lösungsmittel, Munition, Leuchtraketen, Gase (Campinggas), Flüssigkeiten für Feuerzeuge, Farben, Verdünner und auch keine festen entflammbaren Stoffe (Streichhölzer und Anzünder). Hinweise hierzu stehen im Flugticket. In Zweifelsfällen geben auch die Fluggesellschaften Auskunft.

Für die Sicherheit des einzelnen Passagiers ist es wichtig, Empfehlungen der Besatzung zu beachten, sich z. B. immer dann anzugurten, wenn man sich auf seinem Platz befindet. Bei einer möglichen plötzlichen Turbulenz ist die Sicherheit nur gewährleistet, wenn man sich angegurtet hat. Und noch einmal: jeder Passagier kann seine Sicherheit effektiv erhöhen, wenn er über die Sicherheitsvorkehrungen im Flugzeug Bescheid weiß.

Das Benutzen von tragbaren CD-Musikgeräten und Telephonen ist verboten, diese Geräte müssen im Flugzeug ausgeschaltet sein, da sie eine Fehlanzeige der Cockpit-Apparaturen verursachen können.

An der Handelshochschule Stockholm wurde Mitte der 90er Jahre unter Leitung von Professor Lennart Sjögren eine umfangreiche Untersuchung durchgeführt. Es sollte geklärt werden, wie teuer es sein würde, Menschenleben vor gewissen Gefahren zu schützen.

Das Resultat war verblüffend. In Schweden wäre es am teuersten (pro geretteter Person), jemanden daran zu hindern, in einem Brunnen zu ertrinken. Der hohe Preis kommt daher, daß alle Brunnen einen verschließbaren Deckel haben müssen. Diese Maßnahme ist in Schweden gesetzlich vorgeschrieben.

Die zweitteuerste Maßnahme bestünde darin, Menschenleben vor Krankenhausbränden zu bewahren. Menschenleben vor Unfällen auf Bahnübergängen zu bewahren kommt erst an dritter Stelle.

Professor Sjögren zitierte in seinem Report schwedische Forscher, die 1994 Schweden betreffend das Folgende geschrieben haben: „Alle Tatsachen sprechen dafür, daß man volkswirtschaftlich nicht dafür eintreten kann, daß auf den Flughäfen des Landes 30 bis 35 Rettungsmannschaften in ständiger Alarmbereitschaft stehen, wenn gleichzeitig auf den Straßen des Landes 600 Menschen jährlich umkommen. Sind wir wirklich der Meinung, daß das Leben eines einzelnen Flugzeugpassagiers 58 mal wertvoller ist als das Leben eines Autofahrers oder eines Fußgängers?"

Diese Tatsache ist uns meist nicht bewußt. Wir erleben durch Presse und Medien das Gegenteil. Jedes Flugzeugunglück kommt einer Katastrophe gleich, während wir den sehr viel häufiger eintretenden Verkehrsunfall als normal empfinden. Sicherlich ist jedes Menschenleben gleich wertvoll, das Leben eines Flugpassagiers wird jedoch bestens geschützt.

Letztendlich waren die Schweden der Meinung, daß man vor allem vor Gefahren geschützt werden sollte, in die man ungewollt gerät. Der Tod durch Rauchen hat in dieser Liste die letzte Stelle belegt. Es wird allgemein akzeptiert, daß jemand an den Folgen des Rauchens stirbt. Würden aber beispielsweise ebenso viele Menschen durch Arbeitsunfälle sterben, gäbe es sofort eine riesige Kampagne und viel Geld würde bereitgestellt, um diesen Unfällen vorzubeugen.

## Konstruktion und Funktionen des Flugzeuges

Das Fundament für den Flugzeugbau wurde in den Jahren 1920 bis 1930 von einer Handvoll genialer Konstrukteure geschaffen. Bereits damals waren die Menschen vom Fliegen fasziniert. Die Namen dieser berühmten Flugzeugbauer sind auch heute noch bekannte Namen:
Anthony H. G. Fokker, Hugo Junkers, Igor Sikorsky, Claude Dornier, William E. Boeing und Ernst Heinkel.
Heute folgt der Flugzeugbau anderen Prinzipien. Die Komplexität eines modernen Verkehrsflugzeuges läßt sich nur in Teamarbeit bewerkstelligen. Bevor ein neues Flugzeug heute zum Erstflug abhebt, sind alle Funktionen und Flugprogramme bereits mehrfach in Computersimulationen erfolgreich erprobt. Computerspezialisten geben auch im Flugzeugbau den Ton an. Ingenieure für Aerodynamik, Elektronik, Flugantriebe und vieler anderer Fachrichtungen bilden heute Teams, die zusammen die Planung durchführen und den Bau überwachen. Bevor dieser begonnen wird und eine entsprechende Finanzierung erfolgt, sind alle Details ausgefeilt. Ein Fülle von gesetzlichen Auflagen und Bauvorschriften sind zu beachten, um später die begehrte Zulassung als Verkehrsflugzeug zu bekommen.

In dem Entwicklungs- und Bauprozeß steht jedes einzelne Element unter einer ständigen, genauen Kontrolle. Im Flugzeugbau und beim Fliegen bleibt nichts dem Zufall überlassen.

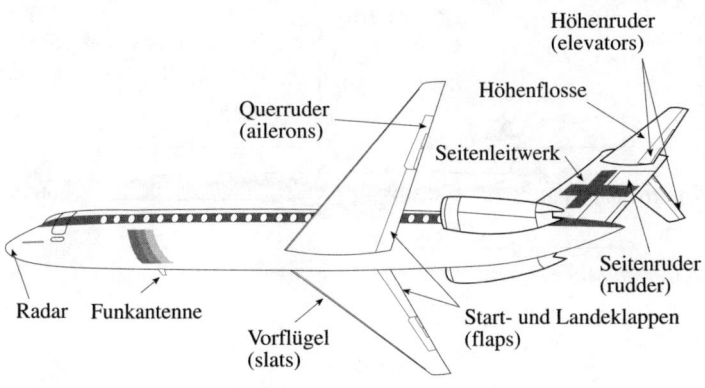

Bild 2: Das Flugzeug

**Warum fliegt ein Flugzeug?**

Wir werden uns nun dem Flugzeug nähern und klären, warum es überhaupt fliegt. Wie kommt es, daß Maschinen mit mehreren hundert Tonnen Gewicht überhaupt fliegen können? Das Aufsteigen eines Heißluftballons ist logisch und verständlich. Der Ballon fliegt, weil er mit Heißluft gefüllt ist und diese ist leichter als die Umgebungsluft.

Ein Flugzeug wiederum ist schwerer als Luft. Es kann daher nicht aufsteigen und schweben wie ein Ballon. Es ist verständlich, daß gewaltige Auftriebskräfte benötigt werden, die die Schwerkraft überwinden, um ein Flugzeug in die Luft zu bringen.

Vier verschiedene Kräfte wirken auf ein Flugzeug ein: Schub, Widerstand, Auftrieb und Schwerkraft.

Im stabilen Reiseflug heben sich diese Kräfte gegenseitig auf (Bild 3).

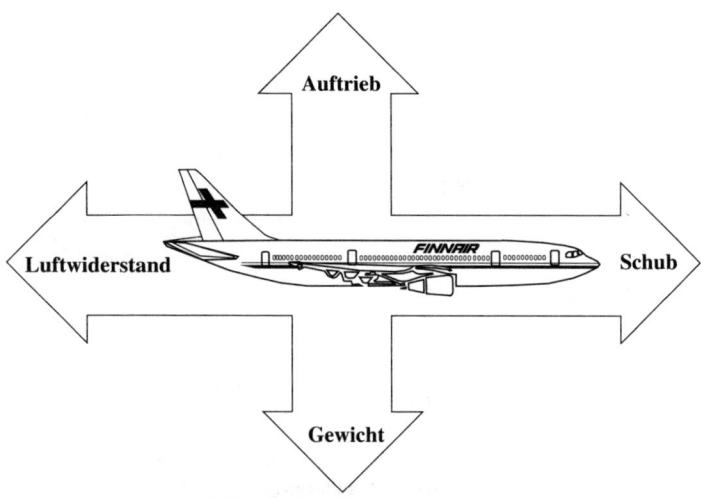

Bild 3: Die Kräfte, die auf ein Flugzeug einwirken

Der Widerstand wird durch den Schub der Triebwerke überwunden, die Schwerkraft durch den Auftrieb der Tragflächen.

Der Schub
Der Schub wird durch die Triebwerke erzeugt. Ein Verkehrsflugzeug ist je nach Typ entweder mit zwei, drei oder vier Triebwerken ausgestattet. Der sich nach vorn bewegende Schub von Düsentriebwerken (Strahltriebwerken) beträgt mehrere zehn Tonnen.
Zum Vergleich schauen wir uns die Vorgänge bei einem Auto an: Die vom Fahrzeugmotor produzierte Kraft wird über Achsen in die Räder umgeleitet, die Drehung der

Räder erzeugt die Bewegung nach vorn. Bei einem Flugzeug muß der Schub zunächst den Widerstand überwinden und kann anschließend die Fortbewegung ermöglichen.

## Wie wird der Schub erzeugt?

In einem Jettriebwerk wird wie bei einem Automotor Luft angesaugt (1), verdichtet (2), mit Treibstoff verbrannt (3) und ausgestoßen (4). Die angesaugte Luft wird in mehreren Verdichterstufen komprimiert (2) und gelangt in die Brennkammern (3). Dort wird Kerosin, der Flugzeugkraftstoff, eingespritzt. Dieses Gemisch wird verbrannt und gelangt aus den Brennkammern in die Turbinenstufen (4), die wiederum die Verdichterstufen über Wellen antreiben. Damit ist der Kreislauf geschlossen.

Nachdem die heiße Luft die Turbine verlassen hat, tritt sie durch die Schubdüse nach hinten aus dem Triebwerk und bildet den Schub. Im Gegensatz zum Automotor läuft dieser Prozeß nicht in Arbeitstakten sondern kontinuierlich ab.

Bei Triebwerken der heutigen Generation wird immer mehr Luft schon nach den ersten Verdichterstufen abgezweigt (Bypass) und an den Vorgängen im Inneren vorbeigeführt. Diese Luft wird in einem geschlossenen Mantel nach hinten geleitet (Mantelstromtriebwerk) und dient dort wie bei einem Propellerflugzeug direkt zur Schuberzeugung. Der so erzeugte Schub macht heute bereits 70 Prozent des Gesamtschubes aus. Dieses Prinzip verringert den Treibstoffverbrauch und senkt den Lärmpegel beträchtlich.

## Der Widerstand

Der Widerstand ist der Gegenspieler des Schubes. Auf allen sich im Luftstrom befindlichen Körpern werden Widerstandskräfte ausgeübt. Wir unterscheiden zwei Hauptgruppen:

1) Formwiderstände auftriebserzeugender Teile, z. B. Tragflächen
2) Formwiderstände nicht auftriebserzeugender Teile (schädliche Widerstände).

Beide Widerstandsarten werden empirisch im Windkanal ermittelt. Alle Teile an einem Luftfahrzeug müssen zur Vermeidung von Wirbelbildung möglichst stromlinienförmig ausgebildet sein. Die Widerstandskräfte sind abhängig von der Größe, der Form und der Geschwindigkeit des Gegenstandes. Ein Radfahrer, der schnell bergab fährt, spürt einen starken Widerstand. Ein Radfahrer, der langsam und ruhig auf einer Ebene fährt, spürt nur einen geringen Widerstand.

Der Gesamtwiderstand steht in einer direkten Relation zu der Geschwindigkeit des Flugzeuges. Die Erhöhung der Geschwindigkeit vermehrt sowohl den Auftrieb als auch den Widerstand.

Der Auftrieb

Der Auftrieb eines Flugzeuges wird durch die Form der Tragflächen sowie auch durch die Antriebskraft der Triebwerke erzeugt, die das Luftfahrzeug im Luftstrom bewegen. Die Tragflächen haben eine spezielle Form: Ihre Oberflächen sind gewölbt. Diese Wölbung verursacht in der Luftströmung wie bei einer Düse eine Querschnittsverengung. Durch diese Verengung muß die Strömung auf der Tragflächenoberseite rasant beschleunigt werden. Der hierbei entstehende Unterdruck macht ca. 2/3 der Auftriebskräfte aus. Die Unterseite des Tragflügels ist eher flach und ihre Fläche ist deutlich kleiner als die Oberseite. Durch den konstruktionsbedingten Anstellwinkel der Tragflächen zur Luftströmung staut sich die Luft an der Unterseite der Tragfläche. Dabei entsteht ein Überdruck, der etwa 1/3 des Gesamtauftriebes ausmacht.

Stellen wir uns ein Flugzeug vor, das mit einer Geschwindigkeit von 250 Kilometern pro Stunde auf der Rollbahn entlang rast. Die Tragflächen bewegen sich dabei im Luftstrom und, wie oben beschrieben, wird durch die Beschleunigung der Luftmoleküle auf der Oberseite der Tragflächen ein großer Unterdruck und auf der Unterseite ein Überdruck erzeugt. Das Flugzeug kann nun, wenn es weiter beschleunigt wird, in die Luft gehen und abfliegen. Ein Verkehrsflugzeug hebt bei einer Geschwindigkeit von 295 km/h ab (Boeing-737).

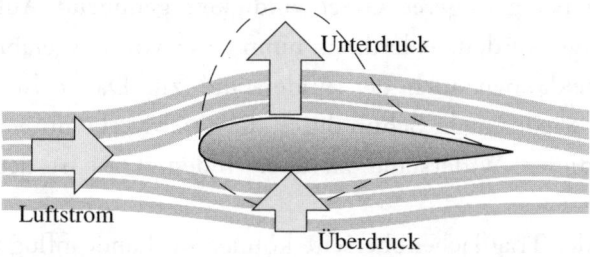

Bild 4: Das Profil einer Tragfläche und die daraus resultierenden Luftströmungen

## Schwerkraft/Flugzeuggewicht

Jede Materie hat eine Masse, die den betreffenden Gegenstand auf den Boden drückt. Die Masse eines startbereiten Airbusses A 310 inclusive Passagiere, Fracht und Treibstoff beträgt 165 000 kg, die Masse eines Jumbo-Jets (Boeing-747) etwa 460 000 kg, also 460 Tonnen. Das Gewicht eines

Flugzeuges muß mit der ihm entgegenwirkenden Kraft, dem Auftrieb, aufgehoben werden, damit ein Flugzeug in die Luft gehen kann.

**Tragflächen**

Die Tragflächen können für Start und Landungen vergrößert werden. Dies geschieht durch Ausfahren von Landeklappen (flaps) oder Vorflügeln (slats). Es klingt paradox, macht aber Sinn: Die ausgefahrenen Landeklappen erhöhen den Auftrieb der Tragflächen. Das Flugzeug kann nun bereits bei erheblich niedrigeren Geschwindigkeiten abheben und benötigt damit eine kürzere Startbahn. Das Ausfahren der Landeklappen (nach hinten) läßt sich gut durch das Kabinenfenster beobachten, man hört allerdings auch das Surren der Stellmotoren beim Ausfahren. Durch diese veränderte Wölbung der Tragflächen kann zur Landung bei geringerer Geschwindigkeit genügend Auftrieb erzeugt werden. Allerdings nimmt bei voll ausgefahrenen Landeklappen auch der Widerstand zu. Daher ist dann auch wieder mehr Schub durch die Triebwerke notwendig, um diesen Widerstand zu überwinden. Dies ist deutlich zu hören.

Auf der Tragflächenoberseite können im Landeanflug unter Umständen auch Störklappen beobachtet werden. Diese aufgestellten Metallklappen vermehren den Widerstand, reduzieren damit den Auftrieb und die Geschwindigkeit. Dadurch kann ein steilerer Landeanflug durchgeführt werden. Störklappen (Speedbrakers) werden meist nur in großer Höhe ausgefahren. Dies kann passieren, wenn die Piloten auf Anweisung der Anflugkontrolle eine Höhe rasch verlassen oder die Geschwindigkeit deutlich verringern müssen.

Man hört das Rauschen, das durch die starke Widerstandserhöhung hervorgerufen wird. Man spürt auch ein leichtes Schütteln, mit dem die elastische Flugzeugstruktur auf die veränderten Strömungsverhältnisse reagiert.

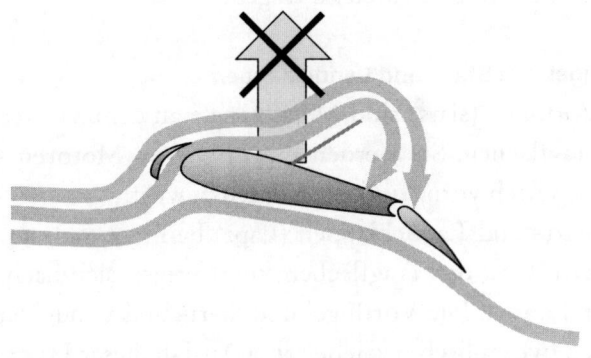

Bild 5: Die Auswirkungen der Störklappe

Häufig hört man die Annahme, daß sich ein kleines Flugzeug leichter und besser in der Luft hält als ein Verkehrsflugzeug. Diese Annahme ist nicht richtig. Auch wenn es sich um gewaltige Gewichtsunterschiede bei diesen Flugzeugen handelt, so existieren auch erhebliche Unterschiede in der Größe und Form ihrer Tragflächen.

Die Größe der Tragflächen ist direkt proportional zu dem maximal zugelassenen Gewicht des Flugzeuges. Die Tragfläche eines Verkehrsflugzeuges muß pro Quadratzentimeter genauso belastbar sein, wie die Tragflächen eines kleineren Flugzeuges, das nach der selben Bauart hergestellt wurde. Die Tragflügel sind so konstruiert, daß sie zugleich sehr stark und elastisch sind. Ihre Bruchfestigkeit muß entsprechend nachgewiesen werden.

Die Tragflächen einer Boeing-747 halten eine Biegung von neun Metern aus, ohne zu brechen. Auf einem normalen Flug werden die Tragflächen jedoch nur ein zwei Meter gebogen. Die restlichen Meter sind Sicherheitsreserven. Die Tragflächen vermögen mehr als das doppelte Gewicht des Flugzeuges ohne Schaden zu tragen.

**Vorflügel und Start- und Landeklappen**
Die Vorflügel (slats) sind Metallpanele an dem Vorderrand der Tragflächen. Sie werden mit Hilfe von Motoren symmetrisch nach vorne und nach unten bewegt.
Die Start- und Landeklappen (flaps) befinden sich an dem hinteren Rand der Tragflächen; sie bewegen sich nach hinten und unten. Die Vorflügel und Start- und Landeklappen werden hydraulisch betrieben. Bei Ausfall dieser Hydraulik kann ein anderes, getrenntes Hydrauliksystem als Reservesystem diese Funktion übernehmen.
Bei einem totalen Ausfall der Hydrauliksysteme kann das Flugzeug trotzdem landen. Es setzt jedoch mit größerer Geschwindigkeit als normal auf und benötigt daher eine längere Landebahn als sonst. Nach einer Landung, wenn die Räder des Fahrwerkes Kontakt mit dem Boden haben, werden auf der Tragflächenoberseite die Störklappen (ground spoiler) ausgefahren. Sie bremsen durch die Erhöhung des Widerstandes das Flugzeug und reduzieren somit den Auftrieb.
In der Startstellung vergrößern die Klappen die Tragflügeloberfläche um 20% und die Auftriebskraft um 80%. Das bedeutet, daß das Flugzeug bereits bei einer geringeren Geschwindigkeit als ohne Klappen fliegen kann. Die benötigte Länge für Start- und Landebahn wird dadurch reduziert. Die Sicherheitsreserven werden damit vergrößert.

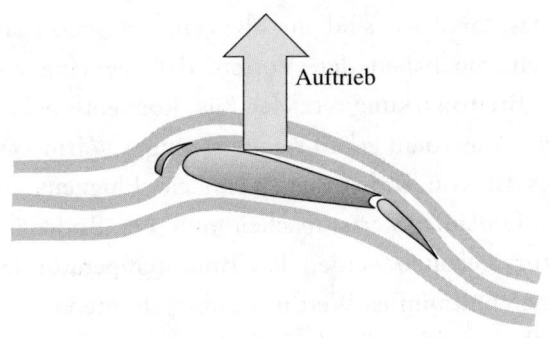

Auftrieb

Bild 6: Das Profil einer Tragfläche zum Start. Vorne die Vorflügel,
hinten die Startklappen.

### Fahrwerke und Bremssysteme

Flugzeuge besitzen meist drei Fahrwerke. Vorne am Rumpf befindet sich das Bugfahrwerk, welches zwei Räder hat und gesteuert werden kann. Am Boden, während des Rollens, wird das Flugzeug mit Hilfe dieses Bugfahrwerks gesteuert. Der Pilot benutzt für große Kurven ein Steuerrad und für kleine Kurven die Fußpedale. Das Bugfahrwerk ist nicht mit Bremsen ausgestattet.

Die Hauptfahrwerke eines Flugzeuges befinden sich unter den Tragflächen, etwa in der Mitte des Rumpfes, im Bereich des Schwerpunktes. Die Anzahl der Hauptfahrwerke und deren Räder sind von der Größe und Bauart des Flugzeuges abhängig. Meist gibt es zwei Hauptfahrwerke.

Die Fahrwerke sind so fest und solide gebaut, daß sie den Landestoß problemlos abfangen können. Auch wenn dieser Landestoß einmal härter ausfallen sollte, ist dies für die Konstruktion eines Flugzeuges nicht von Bedeutung.

Die Hauptfahrwerke verfügen über Bremssysteme, die mit Antiblockiersystemen (ähnlich ABS) ausgestattet sind.

Kohlenfaserbremsen sind im Flugzeugbau schon lange im Gebrauch. Sie haben den Vorteil, daß sie eine erheblich bessere Bremswirkung erzielen als konventionelle Stahlbremsen. Außerdem geben sie die erzeugte Wärme schneller ab. Dies ist von Bedeutung, wenn ein Flugzeug pro Tag mehrere Umläufe (Starts) machen muß. Die Bodenzeit kann somit kurz gehalten werden. Die Bremstemperatur darf zum Start einen bestimmten Wert nicht überschreiten.

In der Parkposition werden alle Bremssysteme abgeschaltet. Ein Wegrollen wird durch „Bremsklötze" verhindert.

Jedes Hauptfahrwerk verfügt über eigene Bremssysteme, so daß ein Flugzeug bei Bedarf auch einseitig gebremst werden kann. Die Bremsen werden durch Pedale betätigt. Zusätzlich existiert auch noch eine automatische Bremse (autobrake). Meist wird diese allerdings nur bei automatischen Schlechtwetteranflügen eingeschaltet.

Da die Fahrwerke einen massiven Luftwiderstand verursachen, werden sie nach dem Start eingefahren. Dies geschieht mit einem Hydrauliksystem. Für das Ausfahren gibt es verschiedene Systeme. Im Cockpit ist eine Kurbel untergebracht, mit deren Hilfe das Fahrwerk für den unwahrscheinlichen Fall eines Totalausfalles aller Hydrauliksysteme mechanisch ausgefahren werden kann.

Die Räder stehen in der Luft still. Sie drehen sich erst, wenn Bodenkontakt besteht. Die Reifen werden nach jeder Landung kontrolliert. Nach etwa 200 Landungen werden die Räder gewechselt. Dieses Wechseln kann auch bei beladenem Flugzeug durchgeführt werden. Die Flugzeugreifen werden, im Gegensatz zu Autoreifen, mit trockenem Stickstoff gefüllt. Dies vermindert die Entzündungsgefahr. Flugzeugreifen unterscheiden sich auch im Aufbau und

Profil von Autoreifen. Sie besitzen lediglich ein paar Längsrillen gegen Aquaplaning. Sonst sind sie eher ohne Profilstruktur. Ein Vergleich mit einem Regenreifen beim Auto ist nicht angebracht. Beim Autoreifen liegt nur etwa 45% des Profils auf der Straße (der Rest ist Rille). Beim Flugzeugreifen haben dagegen 75% der Lauffläche Kontakt zum Boden. Hier sind die Rillen ein Ablauflimit und kein Regenprofil. Ein Profil analog dem Autoreifen würde den hohen Beschleunigungskräften nicht standhalten können.

## Triebwerke

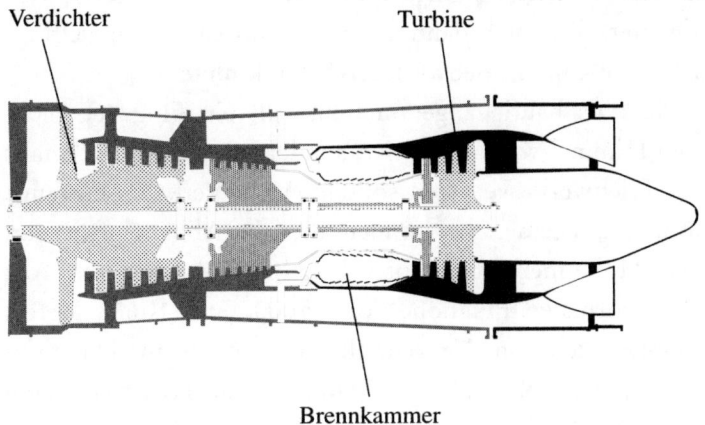

Bild 7: Das Düsentriebwerk

Wir haben uns bereits mit dem Schub eines Triebwerks und den verschiedenen Stufen befaßt. Moderne Strahltriebwerke sind groß: ein hochgewachsener Mann kann im Lufteinlaß eines Triebwerks einer MD-11 (MD = Mc Donnell Douglas) gemütlich stehen. Das Triebwerk einer Boeing-767 hat einen Durchmesser von 2,5 Metern und wiegt fünf Tonnen. Eine Boeing-767 hat zwei dieser Triebwerke, eine Boeing-747 braucht vier und eine MD-11 benötigt drei Triebwerke. Diese Triebwerke sind nicht nur groß. Sie erzeugen auch ein erhebliches Kraftpotential. Jedes einzelne Triebwerk einer Boeing-767 erzeugt alleine 40 000 PS. Auch ein Verkehrsflugzeug mit zwei Triebwerken kann weiterfliegen und landen, falls einer der Motoren ausfallen sollte oder aus technischen Gründen abgeschaltet werden muß. Moderne Strahltriebwerke sind allerdings heute so perfekt und ausgereift, daß dieser Fall extrem selten auftritt. Bei solch einem Ereignis muß der Kapitän auf dem nächst möglichen Flughafen landen. Er ist verpflichtet, dies auch dann zu tun, wenn er seinen Zielflughafen mit einem Triebwerk erreichen könnte.

Anders als häufig angenommen, fällt ein Flugzeug nicht vom Himmel wie ein Klavier, sondern „segelt weiter", falls alle Triebwerke versagen sollten. Auch Verkehrsflugzeuge können „segeln". Sie können dies in Abhängigkeit von ihrer Höhe mehrere Minuten lang ohne Motoren tun. Aus einer normalen Flughöhe von 35 000 Fuß (10 668 Meter) könnte auch ein Verkehrsflugzeug noch in Hamburg landen, wenn oberhalb von Hannover die Triebwerke ausgeschaltet werden.

## Cockpit

Der Arbeitsplatz der Piloten, das Cockpit, ist sehr anspruchsvoll. Es gilt eine Fülle von Informationen (technische Daten, navigatorische und Daten, die den Flugablauf betreffen) so aufzubereiten, daß die Piloten diese Informationsflut beherrschen können und jederzeit den Zustand der einzelnen Systeme (Hydraulik, Generatorzustand etc.) erfassen.

Die Entwicklung der letzten Jahre hat einen Übergang der traditionellen Darstellung von Anzeigeinstrumenten in Richtung Bündelung von Informationen auf kleine Bildschirme gebracht. Informationen können gebündelt und nach Dringlichkeit zusätzlich farblich dargestellt werden. Um nun den visuellen Kanal (Augensinn) der Piloten nicht zu überfordern, werden Informationen auch über andere Sinnesorgane dargestellt. So wird der Ausfall eines Autopiloten nicht nur optisch, sondern gleichzeitig auch akustisch (Klingel) angezeigt. Im Landeanflug übernimmt eine automatische Stimme die Höhenangabe für die letzten Meter. Neben den Augen und den Ohren kann im Cockpit auch der Tastsinn angesprochen werden. Die Bildschirme haben allerdings nicht allein die Aufgabe, Informationen darzustellen, sondern oft verbirgt sich dahinter eine komplexe Logik, die die Piloten bei technischen Problemen auch unterstützt.

Beide Piloten verfügen über eine komplette Instrumentierung. Das Flugzeug läßt sich auch von beiden Pilotensitzen fliegen. Alles ist aus Sicherheitsgründen mindestens doppelt vorhanden. Die Übergabe und Übernahme von einem zum anderen Piloten ist zu jeder Zeit möglich.

Im Normalfall programmieren die Piloten den Autopiloten, der das Flugzeug während des Reisefluges steuert. Die Eingabe oder aktuelle Veränderung erfolgt über die Panel 3 und 4.

Moderne Verkehrsflugzeuge wie die MD-11 werden weitgehend mit Hilfe von Rechnern (Computern) gesteuert. Die Flugroute wird unter wirtschaftlichen Bedingungen und unter Berücksichtigung des entsprechenden Wetters horizontal und vertikal berechnet. Die Bord-Computer werden vor dem Flug von den Piloten programmiert.

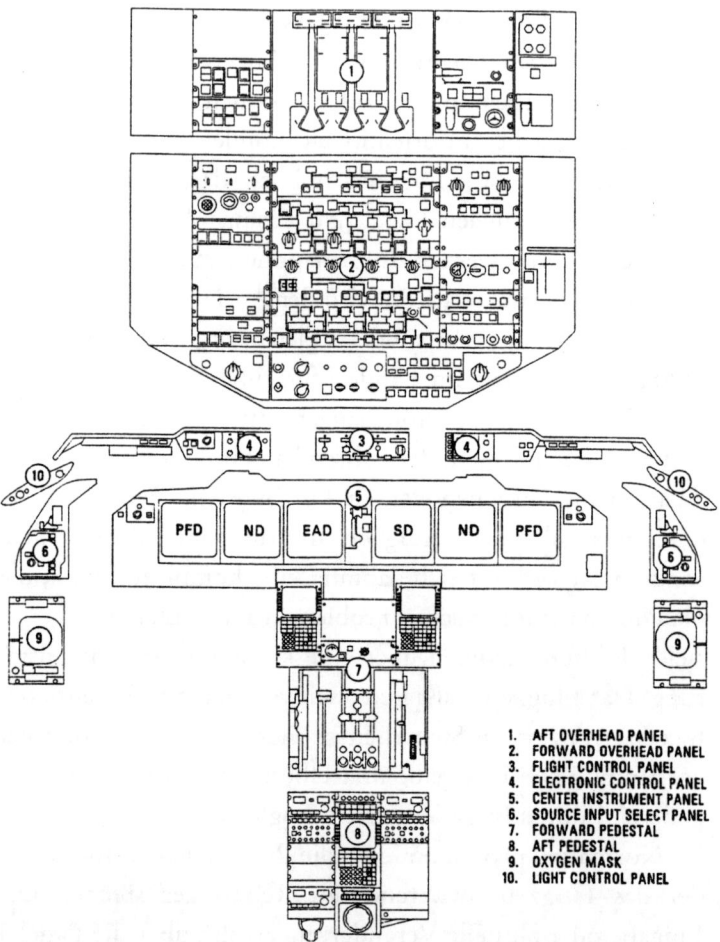

1. AFT OVERHEAD PANEL
2. FORWARD OVERHEAD PANEL
3. FLIGHT CONTROL PANEL
4. ELECTRONIC CONTROL PANEL
5. CENTER INSTRUMENT PANEL
6. SOURCE INPUT SELECT PANEL
7. FORWARD PEDESTAL
8. AFT PEDESTAL
9. OXYGEN MASK
10. LIGHT CONTROL PANEL

Bild 8: Die generelle Einrichtung eines MD-11-Cockpits. Die Anzeigetafeln entsprechen kleinen Fernsehbildschirmen, die Steuergeräte folgen einem ergonomischen Planungsprinzip

1) Feuerwarnanzeige der Triebwerke und deren Löscheinrichtungen

2) Anzeigetafel für verschiedene technische Systeme: Hydraulik, Elektrik, Klimaanlage, Belüftung

**140**

3) und 4) Panel zur Steuerung der Autopiloten
5) • PFD (primary flight display) Fluglageanzeiger, vereinfacht: künstlicher Horizont
   • ND (navigations display) vereinfacht: Landkarte, die die Flugstrecke darstellt
   • EAD (engine and alert display)
   • SD (system display)
6) Lichteinstellungen der Bildschirme
7) center panel: Schubregulierung der Triebwerke, Trimmung, Start- und Landeklappen, Störklappen
8) communication panel: Funkgeräte, Transponder (Sekundärradar), Navigationsinstrumente
9) Sauerstoffmasken
10) Cockpitbeleuchtung

Selbstverständlich können die Daten während der Reise jederzeit geändert und dem Verkehrsaufkommen entsprechend angepaßt werden. Heutzutage besteht die Aufgabe der Piloten weniger in der physischen Steuerung des Flugzeuges, als vielmehr in der Überwachung der Systeme und Computer. Der Pilot muß heute den „Kopf frei haben", um dieser Aufgabe gerecht zu werden. Selbstverständlich ist ein Pilot auch heute in der Lage, das Flugzeug jederzeit auch ohne Computer zu übernehmen und manuell zu fliegen.

## Wartung der Flugzeuge

Die Sicherheit bildet das bedingungslose Fundament für den Betrieb jeder zuverlässigen Fluggesellschaft. Dies ist nur mit einem gewaltigen finanziellen Aufwand zu erreichen. Ein wichtiger Pfeiler der Sicherheit ist die Wartung der Flugzeuge. Heute werden Flugzeugteile und Instrumente regelmäßig kontrolliert und beobachtet. Sie werden bereits ausgetauscht, bevor sie funktionsuntüchtig geworden sind.

Als Gold-Standard der Technik gilt heute ACARS, eine automatische Übermittlung der technischen Daten an die Werft noch während des Fluges. Bei jedem Triebwerkstart und im Reiseflug werden die Daten gespeichert und regelmäßig abgefragt. So kann die technische Abteilung eine „Fieberkurve" der Triebwerke anlegen und eine Trendanalyse vornehmen. Bereits bei erhöhtem Ölverbrauch wird der Motor vorsorglich gewechselt. Flugzeuge dürfen nur von typengeschulten Mechanikern gewartet werden, die sich für diese einzelnen Systeme spezialisieren müssen.

Jeder Mechaniker verfügt über seinen eigenen verschließbaren Werkzeugkasten, dessen Inhalt genauestens kontrolliert wird. Nach der Arbeit werden die Werkzeuge gezählt, um zu vermeiden, daß ein Gegenstand in der Maschine geblieben sein könnte.

Wird ein neues Flugzeug in Betrieb genommen, ist die Fluggesellschaft gesetzlich verpflichtet, das Flugzeug nach einem individuellen Plan zu warten. Jede Wartung und Maßnahme muß im Log-Buch (technical log book) des Flugzeuges eingetragen werden. Jedes Teil hat seine eigene Nummer. Die ausgewechselten Teile werden mit dieser Nummer in die Lebenslaufakte des Flugzeuges eingetragen. Somit kann jederzeit angegeben werden, wie lange ein einziges Teil in Gebrauch gewesen war.

Für jeden Flugzeugtyp gibt es einen individuellen Wartungsplan. Der folgende Plan ist ein Beispiel für das Flugzeug der MD-80 Serie:

- Die F-Wartungskontrolle oder Zwischenlandungskontrolle wird nach jeder Landung durchgeführt. Dazu gehört beispielsweise die Außenkontrolle (outside check) des Flugzeuges. Diese Aufgabe wird in der Regel vom Kapitän übernommen. Er „wandert" um das Flugzeug herum und inspiziert dabei bestimmte Merkmale: die Triebwerke, die Reifen, die Außenbeleuchtung, die korrekte Beladung, die Verriegelung von Klappen und Türen etc. Er folgt dabei einem festen vorgegebenen Schema. Nachdem die Passagiere das Flugzeug verlassen haben, beginnen die Flugbegleiter mit der Kontrolle der Sicherheitsausrüstung. Unter jedem Sitz muß sich eine ordnungsmäßig verpackte Schwimmweste befinden.

- Die R-Wartungskontrolle wird jeweils nach 120 Flugstunden durchgeführt. Sie beansprucht 20 Mannstunden.

- Die A-Wartungskontrolle wird nach 600 Flugstunden durchgeführt und beansprucht 80 Mannstunden.

- Die C-Wartungskontrolle wird entweder nach 4000 Flugstunden oder in Abständen von 14 Monaten durchgeführt. Sie beansprucht 1000 Mannstunden.

- Die I-Hauptwartung wird nach 15000 Flugstunden oder in Abständen von 54 Monaten durchgeführt und beansprucht 10000 Mannstunden.

- Die D-Hauptwartung folgt nach 25000 Flugstunden oder in Abständen von 96 Monaten. Sie beansprucht 20000 Mannstunden.

Die letztgenannte Hauptwartung bedeutet, daß das Flugzeug komplett auseinander genommen wird, so daß nur ein leerer Rumpf in der Wartungshalle stehenbleibt. Die gesamte Inneneinrichtung wird ausgebaut, die Triebwerke und Fahrwerke ebenfalls zerlegt und ausgebaut. Auch alle Instrumente im Cockpit müssen ausgebaut werden. Danach wird die Farbe von der Außenhaut entfernt. Die hydraulischen, elektronischen und mechanischen Teile werden in den zuständigen Abteilungen getestet und kontrolliert. Alle Metallteile werden geröntgt oder durch Ultraschall auf feine Brüche und Haarrisse untersucht. Die gereinigten und gewarteten Flugzeugteile werden anschließend erneut getestet. Nach deren Prüfung wird entschieden, ob sie wieder eingebaut werden können oder durch neue Teile ersetzt werden müssen. Erst wenn jede Einzelheit untersucht und getestet wurde, kann mit dem Zusammenbau begonnen werden. Ein Flugzeug entspricht nach der D-Wartung praktisch einem ganz neuen Flugzeug. Ohne die Eintragung in der Lebenslaufakte wäre es schwer, diese Maschine von einem ganz neuen Flugzeug zu unterscheiden.

Nach dieser Wartung muß ein mehrstündiger Testflug durchgeführt werden, wobei nur die Piloten und die Mechaniker an Bord sind. Erst wenn beim Flugzeug auch in der Luft alle Funktionen einwandfrei nachgewiesen werden können, der Flug also erfolgreich verlief, wird diese Maschine wieder für normale Passagierflüge freigegeben.

Weiter oben, unter den Wartungskontrollen, wurde der Terminus Mannstunden erwähnt. Mannstunden bedeuten einen Umfang einer Tätigkeit, an der ein Mann hundert Stunden beschäftigt ist oder entsprechend 100 Personen eine Stunde arbeiten.

Diese Wartungen sind sehr teuer, da das Flugzeug in dieser Zeit aus dem Verkehr gezogen wird und kein

Geld verdienen kann. Um diese Zeit sehr kurz zu halten, werden Wartungen immer von einer großen Mannschaft ausgeführt.

In den Vereinigten Staaten hat die amerikanische Luftfahrtbehörde FAA (Federal Aviation Administration) ein System geschaffen, das wichtige Informationen an die verschiedenen Fluggesellschaften übermittelt. Es gibt darüber hinaus eine gute Kommunikation zwischen Flugzeughersteller und Fluggesellschaften. Alle interessanten technischen Probleme oder Vorkommnisse werden an alle Kunden dieses Musters weitergeleitet, so daß die Betreiber dieser Maschinen weltweit informiert sind. So ist z. B. auch bekannt, welche Fluggesellschaften besonders viele Bremsen benötigen oder andere Verschleißteile verbrauchen. Die Hersteller sind daher in engem Kontakt mit den Betreibern ihrer Flugzeuge.

Werden einmal technische Mängel eines bestimmten Typs bekannt, erlassen die Luftfahrtbehörden sogenannte Lufttüchtigkeitsanweisungen, die für alle Fluggesellschaften, die ein solches Flugzeugmuster betreiben, bindend sind.

**Ein Blick hinter die Kulissen**

Normalerweise trifft sich die Crew eine Stunde vor Abflug zum sogenannten Briefing. Dort sehen Kapitän und Erster Offizier (Co-Pilot) die Flugpläne und Wetterunterlagen ein und legen u. a. die für den Flug zu tankende Treibstoffmenge fest.

Währenddessen bespricht die Cabincrew den Serviceablauf und eventuelle Besonderheiten. Danach erhält die Cabincrew vom Kapitän die für sie wichtigen Informationen (Flugzeit, Route, Wetter, eventuelle Verspätungen). Dies alles geschieht innerhalb von 15 bis 20 Minuten.

Danach begibt sich die Crew zum Flugzeug. Die Piloten übernehmen zunächst das Flugzeug aus der Hand des Technikers, der bereits lange vorher die Hilfsturbine (APU) gestartet und verschiedene Kontrollen durchgeführt hat, und überprüfen zunächst den technischen Zustand der Maschine anhand der Bordunterlagen, in denen alle vorher aufgetretenen Beanstandungen aufgeführt sind. Anschließend führt der Kapitän seine „Runde" (outside check) durch und überprüft dabei die Oberfläche, Kontrolle von Bremsen und Tragflächen etc. Der Co-Pilot hat in der Zwischenzeit mit der Überprüfung der technischen Systeme im Cockpit begonnen. Er holt für den Start wichtige Informationen wie Startrichtung, Windmeldung, Luftdruck, Temperatur ein. Entsprechend dieser Informationen bereitet er die Navigationssysteme und das zu erwartende Abflugverfahren vor. Die Flugbegleiter überprüfen inzwischen die Kabine, die Notausrüstung, korrekte Beladung von Getränken und Essen und ausreichende Wasserversorgung.

Nachdem das Tanken beendet und in der Kabine alle Vorbereitungen abgeschlossen wurden, werden die Passagiere aufgerufen. Dies erfolgt meist 20 bis 30 Minuten vor der geplanten Abflugzeit.

Kurz vor dem Abflug wird das loadsheet (Beladungspapiere) an Bord gebracht. Es enthält u. a. die aktuelle Passagieranzahl, die Zahl der Gepäckstücke sowie Start- und Landegewicht des Flugzeuges.

Anhand des aktuellen Startgewichtes legen die Piloten die Startgeschwindigkeiten fest. Alle Fluggeschwindigkeiten sind gewichtsabhängig. Beim Start (take-off) hebt eine voll beladene Boeing 737–400 bei einer Geschwindigkeit von 295 km/h ab. Ist das Flugzeug leer, benötigt es nur eine

Geschwindigkeit von 222 km/h. Gerade bei leichten Maschinen ist es oft nicht erforderlich, „Vollgas" zu geben. Der Triebwerksschub kann bis zu 25 Prozent reduziert werden. Dies erhöht die Lebensdauer der Triebwerke und verringert den Lärmpegel enorm.

Für jeden Start werden die Geschwindigkeiten, die Triebwerksleistung und die Schwerpunktlage errechnet. Vor dem Anlassen der Triebwerke werden die Flugvorbereitungen per Checkliste überprüft. Diese Checklisten begleiten von nun an jede Phase des weiteren Flugverlaufes.

## „Start-up"

Der Co-Pilot nimmt über Funk Kontakt mit den Controllern (Fluglotsen) des Flughafens auf und holt die Anlaßfreigabe („Start-up") ein. Verkehrsflugzeuge dürfen ihre Triebwerke nur nach Absprache mit den Controllern anlassen, um bei Verzögerungen der Startzeit nicht unnötig mit laufenden Triebwerken warten zu müssen.

Oftmals werden den Flügen bestimmte Startzeiten zugeteilt, die sogenannten „Slotzeiten". Durch diese Slots wird versucht, ein hohes Verkehrsaufkommen an bestimmten Knotenpunkten zu vermeiden. So dürfen nur eine genau festgelegte Anzahl von Flugzeugen pro Stunde die französisch-spanische Grenze überfliegen. Damit es in der Luft keinen Stau und keine Warteschleifen entstehen, werden für solche Punkte Slots vergeben. Die Flugzeiten werden für die einzelnen Maschinen zurückgerechnet und diese Flugzeuge entsprechend an ihren Startflughäfen zurück- oder festgehalten.

Nach Erteilen der Anlaßfreigabe starten die Piloten die Triebwerke. Anders als beim Auto geschieht dies mit Hilfe der APU (Auxillary power unit), der Hilfsturbine. Diese APU ist ein drittes, kleines Triebwerk im Heck des Flugzeuges. Am Boden versorgt es das Flugzeug mit Strom und betreibt die Klimaanlage. Zum Start wird diese Luft benötigt. Daher wird während des Startvorgangs die Klimaanlage kurz abgeschaltet. Nun steht ausreichend Druckluft zur Verfügung, um die Triebwerke auf eine bestimmte Drehzahl zu bringen. Nach Zündung wird das Triebwerk auf Leerlaufdrehzahl weiterbeschleunigt.

Nach dem Startvorgang wird die APU abgeschaltet. Stromversorgung und Klimaanlage werden nun von den Triebwerken übernommen. Währenddessen begrüßt die Cabincrew ihre Gäste und weist sie in die Verhaltensregeln für Notfälle ein. Der Kapitän rollt das Flugzeug nach Weisung der Rollkontrolle zur Startbahn – es geht „off-blocks". Während des Rollens wird die Flugzeugsteuerung überprüft. Zum Start werden die Landeklappen hydraulisch ein Stück ausgefahren – in die Startstellung. Beides ist durch das Kabinenfenster gut zu beobachten.

Landeklappen zum Start? Es scheint nicht einleuchtend, ist jedoch nicht unlogisch: Die in die Startposition ausgefahrenen Landeklappen erhöhen den Auftrieb der Tragflächen. Das Flugzeug kann nun bereits bei geringeren Geschwindigkeiten abheben und benötigt damit eine kürzere Startstrecke.

Vor dem Start besprechen die Piloten das Abflugverfahren und die Vorgehensweise bei einem eventuellen abnormalen Verlauf der Start- und Steigflugphase. Nachdem nun die Kabine als startbereit („cabin clear") gemeldet wurde, signalisiert der Co-Pilot dem Controller „Ready for departure". Er erhält darauf meist die Erlaubnis in die

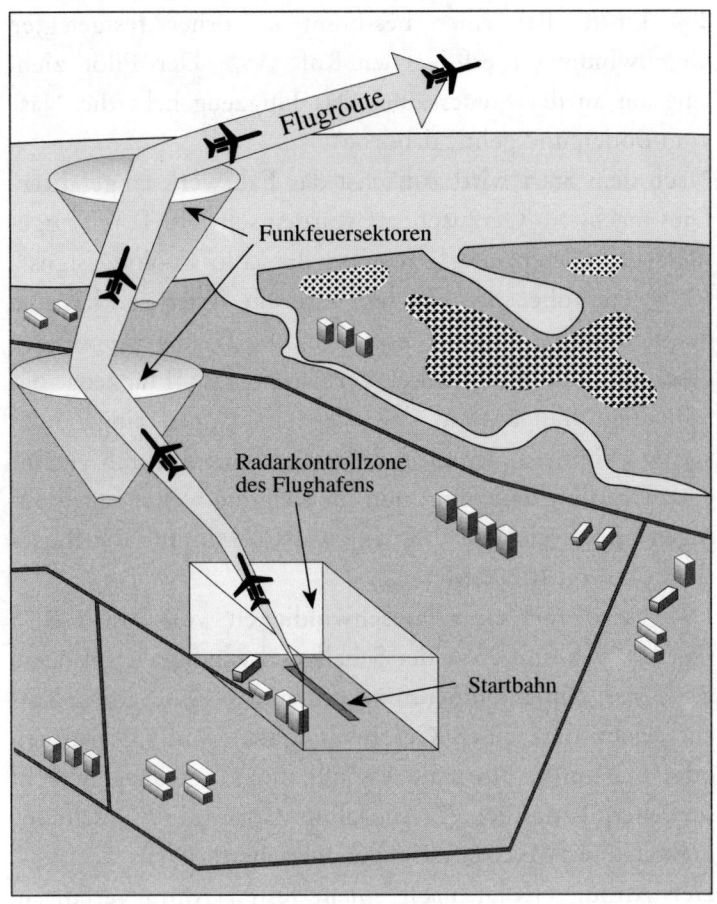

Bild 9: Das Flugzeug startet. Sein Flugweg wird von den Fluglotsen überwacht.

Startposition (auf der Startbahn) zu rollen. Nach der Starterlaubnis durch die Fluglotsen und dem Lesen der Checkliste aktiviert der Kapitän die automatische Schubkontrolle. Wenig später steht der volle Triebwerksschub zur Verfügung. Mehr als 40 Tonnen Schubkraft beschleunigen den Airbus A310 in 30 Sekunden von Null auf

260 km/h. Bei einer bestimmten, vorher festgelegten Geschwindigkeit erfolgt der Ruf „Vr". Der Pilot zieht langsam an der Steuersäule. Das Flugzeug hebt die Nase vom Boden und geht „airborne".

Nach dem Start wird zunächst das Fahrwerk eingefahren. Dies macht ein Geräusch, als würden schwere Türen zugeschlagen. Gleichzeitig erlöschen die „No-smoking-signs". 600 Meter über dem Boden wird die Triebwerkleistung deutlich hörbar zurückgenommen. Die Triebwerke werden geschont, der Steigwinkel verzögert. Das Flugzeug beschleunigt nun soweit, daß die Startklappen eingefahren werden können. Der Luftwiderstand wird dadurch verringert. Das Flugzeug kann nun im Steigflug weiter beschleunigen und erreicht nach etwa zwanzig Minuten die Reiseflughöhe von 10 000 Metern.

Hier wird mit einer Geschwindigkeit von Mach 0,75 (B 737), d. h. mit 75 % der Schallgeschwindigkeit geflogen. Bei einer Außentemperatur von minus 50 Grad Celsius entspricht dies einer Geschwindigkeit von 435 Knoten oder 806 km/h. Normale Verkehrsflugzeuge fliegen nicht schneller als der Schall (Ausnahme Concorde). Geschwindigkeiten um Mach 0,8 sind am wirtschaftlichsten.

Der Anflug erfolgt nach einem festen Anflugverfahren. Wenn die Piloten die Genehmigung bekommen haben („cleared ILS 27R" = Freigabe für das Endanflugverfahren der rechten Landebahn in Westrichtung z. B. in Hannover), müssen sie dem abgebildeten Vefahren folgen, das das Flugzeug zur Landebahn führt. ILS bedeutet Instrumentenlandesystem. Es handelt sich um einen Präzisionssender, der ein Signal aussendet, mit dessen Hilfe das Flugzeug horizontal und vertikal zur Landebahn geführt wird. 25 Kilome-

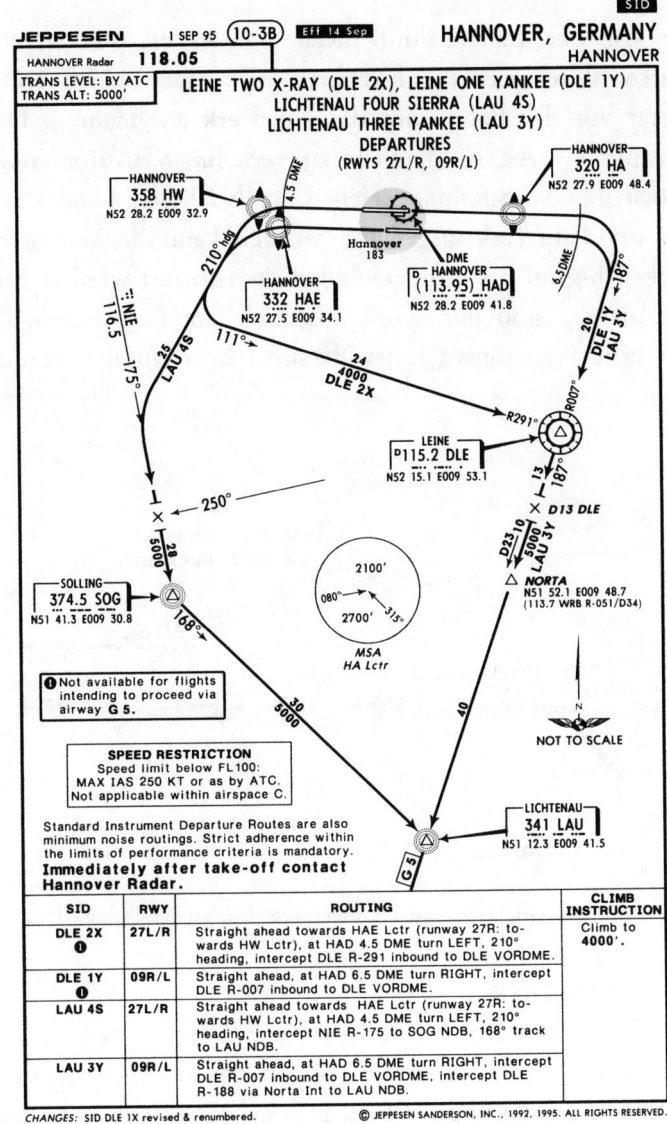

Bild 10: Ein typischer Navigationsplan der Piloten (Jeppesen SID). Veröffentlicht mit freundlicher Genehmigung von Jeppesen & CO. GmbH (15. 02. 1996). Copyright 19* JEPPESEN & CO. GmbH. NOT FOR NAVIGATIONAL PURPOSES - INFORMATION ONLY.

**151**

ter vor der Landebahn-Schwelle fahren die Piloten die ersten Stufen der Landeklappen aus. Etwa sieben Kilometer vor der Bahn wird das Fahrwerk ausgefahren. Das dumpfe Poltern ist deutlich zu vernehmen. Automatisch gehen die No-Smoking-Zeichen an. Nachdem Landeklappen und Fahrwerk ausgefahren wurden, kann die Geschwindigkeit bis auf Landegeschwindigkeit reduziert werden. Die Triebwerke sind nun wieder deutlich lauter zu hören, da der erheblich höhere Luftwiderstand überwunden werden muß.

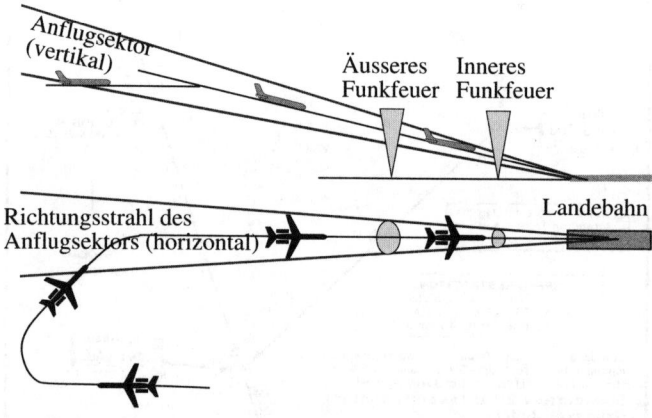

Bild 11: Das Grundprinzip des Instrumentalen Landeanflugsystems (ILS).

„Cleared to land"
Die Landeerlaubnis („cleared to land") wird erteilt, wenn die Landebahn frei ist, d. h., wenn das vorher gelandete Flugzeug bereits abgerollt ist. Die Sicherheitsabstände sind so groß, daß diese Erlaubnis meist fünf bis sieben Kilometer vor der Bahn erteilt wird. Im Normalfall wird der Autopilot zu diesem Zeitpunkt ausgeschaltet und das Flugzeug

von Hand geflogen und gelandet. Bei schlechten Sichten und tiefhängenden Wolken wird jedoch mit dem Autopiloten ein automatischer Anflug durchgeführt. Für jeden Anflug sind genaue Mindestwetterbedingungen vorgesehen. Sollte die Landebahn in einer gewissen, für das Anflugverfahren festgelegten Höhe nicht in Sicht sein, so muß ein Durchstartmanöver (Go around und missed approach) eingeleitet werden. Dieses Flugmanöver wird genauso routinemäßig durchgeführt, wie der gesamte Flugverlauf. Dazu wird die Triebwerkleistung schnell auf maximum (Vollgas) gebracht und die Klappen werden auf Startstellung zurückgefahren. Erst danach wird das Fahrwerk wieder eingefahren. Für die Passagiere ist dabei irritierend, daß die Triebwerke aufheulen und sie durch den schnellen Steigflug in den Sitz gedrückt werden. Die Nicht-Rauchen-Zeichen (no-smoking-signs) gehen mit Einfahren des Fahrwerkes automatisch wieder aus. Das Flugzeug fliegt nun ein genau festgelegtes Verfahren ab und meist erfolgt nach einer erklärenden Ansage aus dem Cockpit ein weiterer Anflug.

Nach der Landung wird die Maschine am Boden gebremst. Dieses geschieht mit Bremsen, die mit einem ABS-ähnlichen System (anti-skid) ausgerüstet sind. Die Bremswirkung wird dabei durch das Ausfahren der Störklappen unterstützt. Die Triebwerke heulen erneut auf, da der Umkehrschub betätigt wurde. Dazu wird ein Teil der Triebwerkverkleidung zurückgefahren. Durch diese Öffnungen wird der Schub gegen die Fahrrichtung umgeleitet. Nach dem Abbremsen und Abrollen werden die Klappen eingefahren. Die APU wird gestartet, um das Flugzeug auch nach Abstellen der Triebwerke

mit Strom und Belüftung zu versorgen. Nach Erreichen der zugewiesenen Parkposition werden die Triebwerke abgestellt und die Treppen bzw. eine Fluggastbrücke
an das Flugzeug herangefahren. Wir sind wieder „On
blocks", und die Passagiere können das Flugzeug verlassen.

### Frei wie ein Vogel?

Wenn ich einem davonfliegenden Vogel oder dem Start
eines Flugzeuges zuschaue, drängt sich immer der gleiche
Gedanke auf. Dort entschwinden sie in den wunderschö-
nen Himmel, in weiche Wolkenformationen und märchen-
hafte Sonnenuntergänge. Frei, im eigenen Element. Diese
„Freiheit" ist jedoch ein vollkommen irreführender Begriff.
Auch wenn ein Vogel noch so frei fliegen kann, ist das
Flugzeug unter keinen Umständen frei.

Der Himmel sieht weit und leer aus. Es ist durchaus vor-
stellbar, daß man mit Flugzeugen fliegen kann, wo man
möchte. In Wirklichkeit existieren aber genaue Luftver-
kehrsregeln und Luftstraßen.

Der gesamte Luftraum über der Erdkugel ist genauestens
eingeteilt, und zwar nicht nur flächenmäßig, sondern auch
in allen Höhen. Das Luftstraßennetz verbindet die Flughäfen miteinander genauso, wie Straßen auf dem Boden
Städte miteinander verbinden.

Wie die Straßen, so sind auch die Flugrouten genau
definiert. Die einzelnen Luftstraßen befinden sich in
Höhen von 300 Meter bis 18 000 Meter über dem Meeres-
spiegel. Es handelt sich um viele Straßen, die in verschiedenen Ebenen übereinander liegen. Kleine Propellerflugzeuge
fliegen meist in Höhen bis 3000 Meter, Verkehrsflugzeuge

erreichen Höhen bis 14000 Meter. Das Überschall-Linienflugzeug Concorde kann sogar in Flughöhen von 18000 Meter reisen.

Zwei Flugzeuge, die auf übereinanderliegenden Luftstraßen fliegen, haben einen vertikalen Abstand von 300 Meter. Zwei Maschinen, die in gleicher Höhe in derselben Richtung unterwegs sind, werden von den Fluglotsen auf etwa 150 Kilometer Distanz gehalten, entsprechend ca. zehn Flugminuten.

Diese Sicherheitsabstände werden nur dort verringert, wo eine entsprechende Radarsektorüberlappung vorhanden ist, wie dies im Bereich der Flughäfen der Fall ist. Viele Fluglotsen sitzen in diesen Radarleitstellen nebeneinander. Jeder Fluglotse leitet nur wenige Flugzeuge in seinem Sektor. Später übernimmt der nächste Sektor und ein anderer Fluglotse die Flugzeuge, bis sie entweder gelandet sind oder beim Abflug ihre Flughöhe erreicht haben und an die Streckenkontrolle übergeben werden können. Hier ist nichts dem Zufall überlassen.

Die einzelnen Luftstraßen sind 18 Kilometer breit. Manchmal beobachtet ein Passagier vom Flugzeugfenster aus andere Flugzeuge. Es schleicht sich leicht das Gefühl ein, daß ein anderes Flugzeug genau in gleicher Höhe fliegen und die Flugrichtung der eigenen Maschine kreuzen könnte. Es handelt sich dabei aber um eine optische Täuschung. Es fehlt die Bezugsebene, an der man erkennen könnte, daß das andere Flugzeug in einer unterschiedlichen Höhe fliegt.

Früher mußten die Flugzeuge in der Nähe von stark frequentierten Flughäfen in Warteschleifen fliegen, bevor sie ihren Landeanflug fortsetzen durften. Dieses Verfahren

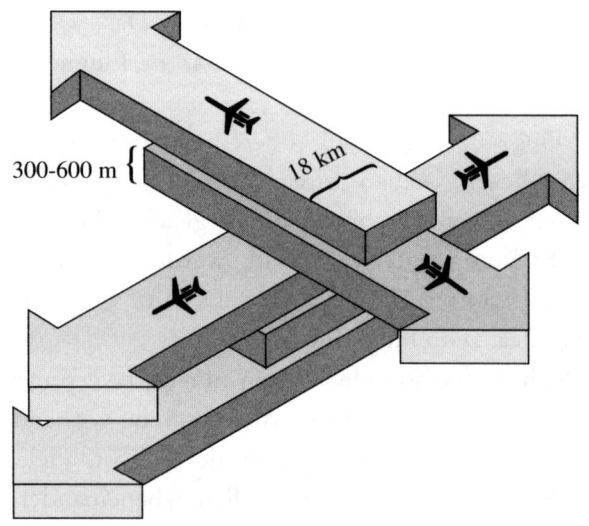

300-600 m

18 km

Bild 12: Die Flugzeuge mit unterschiedlicher Flugroute fliegen auf unterschiedlicher Höhe.

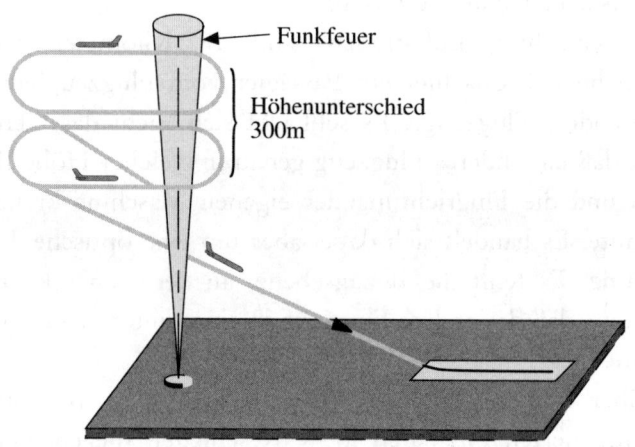

Funkfeuer

Höhenunterschied 300m

Bild 13: Die Flugzeuge warten in der Warteschleife auf ihre Landeerlaubnis.

verursachte erhebliche Kosten, Zeitverzögerungen und belastete die Umwelt erheblich. Heute werden die Verkehrsströme auf Großflughäfen mit Hilfe von Großrechnern bereits frühzeitig geplant und gesteuert. Das heißt für ein Flugzeug aus Hamburg oder Skandinavien, das auf dem Weg nach Frankfurt ist, daß die Frankfurter Fluglotsen diese Maschine bereits in Höhe Hannover so lenken, daß in Frankfurt ohne Verzögerung gelandet werden kann. Maschinen aus dem Süden werden bereits im Züricher oder Stuttgarter Luftraum erfaßt und gegebenenfalls gebremst.

## Die Arbeit des Piloten

In jedem modernen Cockpit eines Verkehrsflugzeuges sitzen zwei Piloten. Der Kapitän, der immer links sitzt, hat das Kommando. Der Erste Offizier (auch Co-Pilot genannt) hat wie der Kapitän die gleiche Ausbildung durchlaufen und bestanden. Meist ist er jünger und hat weniger Berufserfahrung als der Kapitän. Die Ausbildung eines Piloten dauert etwa drei Jahre, bevor er ein Verkehrsflugzeug fliegen darf. Ein Co-Pilot fliegt zwischen fünf und zehn Jahren, bevor er mit der Kapitänsausbildung beginnen darf.

Die Verantwortung für die Sicherheit trägt der Kapitän. Außerdem ist er verantwortlich für die Wirtschaftlichkeit, den Passagierkomfort und die Pünktlichkeit seines Fluges. Alle Mitglieder der Crew unterstehen dem Kapitän.

Die Piloten treffen sich mindestens eine Stunde vor Abflug der Maschine und besprechen gemeinsam die Flugvorbereitungen und den Flugplan. Alle möglichen verkehrsbedingten oder durch Wetter hervorgerufenen Besonderheiten werden erörtert und anschließend wird festgelegt, welche Treibstoffmenge für diesen Flug getankt wird.

Im Cockpit herrscht eine klar definierte Arbeitsteilung. In der Regel werden die Aufgaben wechselseitig erledigt, so daß der eine hin- und der andere zurückfliegt. Vor jedem Flug entscheidet der Kapitän, wer das Leg fliegt, d. h. wer als „piloting pilot" (= pilot flying) agiert. Der „piloting pilot" übernimmt die gesamte Flugführung: Er fliegt das Flugzeug entweder manuell oder bedient den Autopiloten und das Auto-flight-system und die Passagieransagen werden ebenfalls von ihm ausgeführt. Der andere Pilot arbeitet als „monitoring pilot" (= pilot non-flying), indem er den Verlauf des Fluges und jede Maßnahme des pilot-flying überwacht und ihn unterstützt, falls es notwendig wird. Er liest die Checklisten und übernimmt den Funksprechverkehr. Diese sorgfältige Arbeitsteilung ist äußerst genau festgelegt. Alle Maßnahmen und sprachlichen Äußerungen sind standardisiert, um die Möglichkeit eines Fehlers zu minimieren. Alle kritischen Entscheidungen werden gemeinsam getroffen. Der Co-Pilot ist verpflichtet, seine Meinung zu Entscheidungen des Kapitäns klar und deutlich auszudrücken. Durch diese Arbeitsteilung und den Aufgabenwechsel bleiben beide Piloten ständig in Übung und können daher jederzeit das Flugzeug sicher übernehmen, falls die Automatik unbefriedigend funktioniert und die manuelle Übernahme einmal notwendig sein sollte.

Mindestens zweimal im Jahr werden die Piloten im Simulator geschult und überprüft. Hier können alle Notverfahren in realistischen Szenarien dargestellt und bearbeitet werden und die Piloten müssen beweisen, daß sie mit einem Triebwerkbrand oder anderen technischen Problemen fertig werden und das Flugzeug trotzdem sicher landen können. Diese Überprüfungen werden durch amtliche Sachverständige vorgenommen. Außerdem werden die Piloten einmal im Jahr auf einem normalen Passagierflug von solch einem Sachverständigen überprüft. Das Augenmerk wird hierbei darauf gerichtet, daß die Piloten die vorgeschriebenen Standardverfahren beherrschen und auch einhalten. Es gibt wohl wenige Berufe, in denen man sein Können derart unter Beweis stellen muß!

## Der Flughafenbetrieb

Internationale Flughäfen ähneln sich sehr. Überall auf der Welt gehören gewisse Tätigkeiten und Aktivitäten zum Flughafenbetrieb, und eine über die Sprachgrenzen hinaus verständliche Zeichensprache führt den Passagier zum Zoll, zur Gepäckausgabe, zu Taxi- oder Busständen. Jeder Teilbereich des Flughafens verfügt über sein eigenes Personal, das sich genau auf die jeweiligen Aufgaben spezialisiert hat.

Die Passagiere für die Inland- und Auslandflüge werden meistens in unterschiedlichen Terminals abgefertigt, bzw. gibt es zumindest getrennte Areale.

Der Abflugterminal ist eigentlich die erste Etappe, in der der Reisende gewisse Aufgaben erledigen muß. Hat er seinen Flugschein im Voraus gekauft, kann er sich gleich einchecken. Im anderen Fall muß er sein Ticket noch am Ticketschalter abholen (ticketing).

Für das Einchecken (check-in) gibt es unterschiedliche Schalter, abhängig davon, ob der Passagier ein Business-(= C-Class-)Ticket oder ein Touristen-(= M-Class-)Ticket hat bzw. eine Gruppenreise gebucht hat. Manchmal haben auch einige Fluggesellschaften ihre eigenen check-in-Schalter.

Der check-in-Angestellte nimmt den Flugschein und das Gepäck entgegen (20 kg + Handgepäck), reißt zur Passagier-Anwesenheitskontrolle vom Ticket einen Schein ab und versieht das Gepäck mit einer Pollette. Darauf sind der Zielflughafen und die vorherigen Flugverbindungen vermerkt. Der Passagier und sein Gepäck werden aus Sicherheitsgründen immer im gleichen Flugzeug befördert. Hat sich ein Passagier eingecheckt, kommt aber nicht zum Abfluggate, so wird sein Gepäck aus dem Flugzeug geladen.

Am check-in-Schalter werden Informationen über den Fluggast, sein Reisegepäck und seinen Reiseplan gesammelt und kontrolliert. Zu diesen Informationen zählen sein Sitzplatz, spezielle Menüs z. B. für Vegetarier oder Diabetiker; das Gewicht des Gepäcks oder der Bedarf des Reisenden auf Hilfe während der Reise oder am Zielort.

Das Reisegepäck wird nach einem Zufallsprinzip durchleuchtet im Gegensatz zum Handgepäck, das bei der Sicherheitskontrolle vollständig durchleuchtet wird.

Die check-in-Angestellten liefern zur genauen Berechnung des Gewichts und Gleichgewichts der Maschine die genauen Daten über das Gepäckgewicht an die "weight and balance"-Angestellten.

Der Passagier erhält zuguterletzt seine Boarding-card sowie das Flugticket zurück, die versehen sind mit einem Aufkleber mit den entsprechenden Informationen. Die Boardingcard und seinen Reisepaß in der Hand kann er jetzt in die Paßkontrolle und anschließend in die Sicherheitskontrolle. Das gesamte Handgepäck, auch Regenschirme und Photoapparate, werden durchleuchtet, und der Passagier durchläuft ein Tor, das durch ein Tonsignal das Vorhandensein von Metallgegenständen am Körper angibt. Wenn es piept, muß der Reisende das Metallstück entfernen (z. B. den Schlüsselbund) und das Tor noch einmal passieren.

Nach der Sicherheitskontrolle kommt der Passagier in die Abflughalle. Falls man noch genügend Zeit bis zum Abflug hat, kann man ins Restaurant gehen oder tax-free-Einkäufe machen, falls man ins Ausland fliegt. Die Nummer des Abfluggates (Ausgangstor von der Halle zum Flugzeug) und die Einsteigezeit (boarding-time) sind auf der boarding-card vermerkt. Der Passagier soll sich selbst darum kümmern, daß er rechtzeitig zum Einsteigen bereit ist – auf vielen Flughäfen werden die Abflüge nicht im gesamten Flughafengebäude, sondern nur noch am Gate angesagt. Die großen Anzeigetafeln und häufig auch Fernsehmonitore geben zusätzlich Auskunft über alle ankommenden und abfliegenden Flugzeuge.

Am Ausgangstor (gate) gibt der Fluggast seine boarding-card ab und erhält davon einen Abschnitt zurück. Hier sind noch einmal sein Name, sein Flug und sein Sitzplatz vermerkt. Ins Flugzeug wird häufig über einen „Finger" (ein Tunnel, welcher zur Flugzeugtür führt) eingestiegen, oder die Passagiere werden mit dem Bus zum Flugzeug befördert. Seltener oder auf kleineren Flughäfen können die Passagiere zu Fuß über das Ramp-Areal zum Flugzeug gehen.

Wenn der Passagier auf seinen Abflug wartet, kann er währenddessen einen Ramp-Angestellten mit einer roten Kappe in der Nähe des Flugzeuges beobachten. Der „red-cap" ist verantwortlich dafür, daß das Flugzeug hinsichtlich der Bodenabfertigung startbereit ist. Zu der Bodenabfertigung gehören unter anderem das Auftanken des Flugzeuges, die

Reinigung, das planmäßige Beladen und die Versorgung des Flugzeuges mit Lebensmitteln (catering). Außerdem vergewissert sich der red-cap darüber, daß die gesamte Flugzeugbesatzung an Bord ist, damit die Passagiere einsteigen können.

Unmittelbar vor dem Start übermittelt der red-cap die endgültigen Gewichts- und Gleichgewichtsangaben an das Cockpit.

An der Flugzeugtür werden die Passagiere von den Flugbegleiterinnen und Flugbegleitern empfangen. Sie helfen, den Sitzplatz zu finden und das Handgepäck richtig zu plazieren. Der red-cap und das Kabinenpersonal kontrollieren sorgfältig, ob alle eingecheckten Passagiere im Flugzeug sind. Wenn der red-cap das Flugzeug verlassen hat, werden die Türen abgeschlossen und die Flugüberwachung gibt im Cockpit Bescheid, wann das Flugzeug auf die Startbahn rollen kann.

Im Zielflughafen verlassen die Passagiere das Flugzeug entweder über einen „Finger", über das Ramp-Areal oder werden mit dem Bus ins Flughafengebäude gefahren. Schilder geben Anweisung, wo das Gepäck abzuholen ist oder wo sich die Transithalle befindet, falls es sich um eine Zwischenlandung handelt. Manchmal können die Passagiere während einer Zwischenlandung im Flugzeug sitzen bleiben.

Wenn der Passagier sein Gepäck vom Band abgeholt hat, verläßt er die Ankunftshalle durch den Zoll. Die grüne Linie ist für Passagiere ohne zu verzollende Waren, die rote Linie für Passagiere mit zu verzollenden Waren und die blaue für Passagiere, die aus einem EU-Land kommen. Hat der Passagier die eventuellen Zollformalitäten hinter sich gebracht, kann er das Terminalgebäude verlassen und entweder zu seinem Wagen gehen oder den Schildern folgen, die ihn zu den öffentlichen Verkehrsmitteln und zu den Taxiständen führen.

In unmittelbarer Nähe des Flughafens steht der Flugüberwachungsturm, der „tower". Dort arbeiten die Fluglotsen, die sich um den Nahflugverkehr kümmern, das heißt um die startenden, landenden und um die rollenden Flugzeuge auf dem Ramp-Areal. Der gesamte andere Flugverkehr wird von anderen Fluglotsen kontrolliert. Sie kümmern sich um den Fernverkehr, der durch den Luftraum eines anderen Landes in einen anderen Kontinent fliegt, oder um die Flugzeuge, die den Kontrollraum des Nahverkehrs verlassen haben. Die Luftverkehrskontrolle für den Fernverkehr muß sich nicht unbedingt im Flughafen, nicht einmal in seiner Nähe befinden.

Der gesamte Luftverkehr wird ständig mit dem Radar verfolgt und kontrolliert. Die Fluglotsen sprechen über Funk mit der Cockpitbesatzung und geben dem Flugzeug eine bestimmte Höhe auf einem ganz bestimmten Flugweg frei. Wenn das Flugzeug das Luftareal verläßt, wird es von Fluglotsen des nächsten Areals übernommen. Der Flugweg wird von Punkt zu Punkt während des gesamten Fluges überwacht.

Eine wichtige Abteilung bildet die Wetterstation des Flughafenbetriebes. Die Meteorologen, die hier auf Satellitenbasis arbeiten, geben den Piloten genaue Auskunft über das Flugwetter.

In den riesigen Wartehallen werden die Flugzeuge zu vorgeschriebenen Terminen gewartet. Die Sicherheit und Pünktlichkeit des Flugverkehrs setzt ein großes Personal und eine Menge unterschiedlicher Servicegeräte und -fahrzeuge voraus: Reinigungs- und Räumungsfahrzeuge für die Rollfelder, Tankwagen, Feuerwehr, Krankenwagen und Enteisungsgeräte und -fahrzeuge. Nur eine reibungslose Zusammenarbeit aller Abteilungen des Flughafenbetriebes ermöglicht einen sicheren Flug.

## Perspektiven

### Allgemeines

Die technische Entwicklung der Verkehrsluftfahrt wird in den kommenden Jahren die Wirtschaftlichkeit und Sicherheit der Flüge in vielerlei Hinsicht verbessern. Häufig bleibt die technische Entwicklung für die Augen unsichtbar. Ein Verkehrsflugzeug wird in zehn Jahren äußerlich fast genauso aussehen wie die Flugzeuge von heute.

Einen grundlegenden technischen Sprung nach vorn ermöglichte die Entwicklung und der Einbau des Düsenantriebes – die Resultate können wir noch lange genießen. Eine Kraftwerkrevolution dieser Art ist nicht in Sicht und auch die Fluggeschwindigkeit wird nicht bemerkbar ansteigen. Nicht die Technik begrenzt den Bau größerer Flugzeuge, sondern die Wirtschaftlichkeit und Zweckmäßigkeit des Flugzeugbaus.

Unter der Oberfläche der Flugzeuge gibt es enorme Entwicklungen. Die Automatisierungstechnik nimmt ihren Siegeszug, und die Flugzeuge verändern sich immer mehr in „fliegende Computer". In den Navigationstechniken verbergen sich große Herausforderungen für die Zukunft. Innerhalb der Kommunikation zwischen den Flugzeugen und den Bodenkontrollstationen wird momentan eine neue

Epoche eingeleitet. Außerdem wurden neue Vorrichtungen entwickelt, um einen Zusammenstoß in der Luft vermeiden zu können (TCAS = Annäherungswarngeräte).

Der Umweltschutz bildet eine wichtige Grundlage für die künftige Planung. Die Umweltbelastung durch den Düsenantrieb und den Lärm wird sich mit den neuen Flugzeuggenerationen verringern.

## Die Satellitenrevolution

Die Satelliten im All werden für die Verkehrsluftfahrt in zweierlei Hinsicht ein wichtiges Stützsystem bilden. Mit Hilfe von Satelliten kann erstens präziser und störungsfreier navigiert werden als je zuvor. Ein auf das Satellitennetz basierendes Navigationssystem ermöglicht – in Verbindung mit den Navigationsrechnern und dem Autopiloten – die Bestimmung von Flugwegen mit der Genauigkeit von einigen Metern. Der Sicherheitsvorteil ist evident, außerdem wird auch die Wirtschaftlichkeit des Flugverkehrs durch die neuen Navigationssysteme erhöht. Die Flugzeuge können nämlich – ohne die Sicherheit zu gefährden – mit bedeutend kleineren Sicherheitsabständen im Luftraum dirigiert werden. Die traditionelle Flugnavigation basiert auf Funkstationen auf dem Boden, deren Funksignale jedoch sensibel für Störungen sind – daher ist man zu großen Sicherheitsmarginalen gezwungen. Mit Hilfe der neuen Satellitensysteme kann künftig der Landeanflug sogar ohne Bodengeräte ausgeführt werden, anfangs mindestens auf Kategorie I-Stufe. Bisher werden dazu sehr teure Instrumentenlandesysteme (ILS) sowohl auf dem Flughafen als auch auf der Landebahn benötigt.

Zum zweiten bringt das Satellitenalter den Vorteil, daß die Kommunikation zwischen den Flugzeugen und der Flugüberwachung verbessert wird. Das ist von besonders großer Bedeutung, wenn Gebiete mit geringer Bevölkerungsdichte oder Ozeane überflogen werden. Heute ist hier noch Radiokurzwellentechnik in Gebrauch – und zwar schon jahrzehntelang. Ihr Nachteil ist die Beschwerlichkeit der Anwendung und die etwas schlechte Hörbarkeit. Die verbesserte Kommunikation erhöht die Sicherheit und auch die Wirtschaftlichkeit. Außerdem ermöglichen die direkten Kommunikationsverbindungen die Fütterung der wartungstechnischen Computer am Boden mit Informationen über den technischen Zustand des Flugzeuges schon während des Fluges. Die ununterbrochene realzeitige technische Überwachung des Flugzeuges wird z. B. eine Triebwerkstörung während des Fluges zu einer wahren Seltenheit machen. Infolgedessen können Ozeane mit Flugzeugen überflogen werden, die mit zwei Triebwerken ausgestattet sind, – das wäre mit der alten Technik unmöglich gewesen.

### Annäherungswarngeräte (TCAS)

Ein Zusammenstoß in der Luft findet sehr selten statt. Trotzdem will man aber sicher gehen – vor allem auf die Initiative der Luftfahrtsbehörde der Vereinigten Staaten hin (eine Verordnung des Kongresses). Deshalb wurden technische Annäherungswarngeräte (TCAS = Traffic Alert and Collision Avoidance System) entwickelt, die bei vielen Fluggesellschaften bereits in Gebrauch sind. Sie basieren auf Radarempfänger (transponder), die schon seit langem angewendet werden. Sollte der Flugverkehr das vorgeschriebene Abstandsminimum überschritten haben, werden die Piloten darüber informiert (Anzeigevorrichtung in Verbindung mit dem Start- und Landegeschwindigkeitsmeßgerät). Die erforderlichen Ausweichbewegungen nach oben oder unten werden unmittelbar auf dem Bildschirm des Meßgerätes angezeigt. Wir sollten aber nicht vergessen, daß es sich bei diesen Warngeräten um die allerletzte Vorsichtsmaßnahme handelt. Der normale Flugverkehr – ohne Zusammenstoß mit einem anderen Flugzeug – basiert auf weitentwickelte Flugverkehrskontrollmethoden, die auch bei Dunkelheit oder Schlechtwetter funktionieren, und die von den Piloten unbedingt befolgt werden.

Ein Zusammenstoß mit dem Boden, das heißt typischerweise mit hohem Gelände, wird ähnlich wie die Annäherung anderer Flugzeuge vermieden: durch gut geplante Flugmethoden. Als letzte Sicherheit dient ein technisches Gerät, die vor der Bodennähe warnt: GPWS (Ground Proximity Warning System). Gewöhnlich handelt es sich um ein akustisches Warnsignal: Eine synthetische Männerstimme warnt vor Bodennähe und verordnet, die Nase des Flugzeuges hochzuziehen (pull-up).

## Flugterminologie

Englisch verbindet weltweit die Fachleute der Luftfahrt miteinander – überall kommunizieren die Flugzeugbesatzungen mit den Fluglotsen auf englisch. Die Flugterminologie mag aber dem Flugzeugpassagier fremd erscheinen – die Piloten wiederum fühlen sich in jedem Luftraum wie zu Hause. Alle Anweisungen an die Piloten werden also von der Flugverkehrskontrolle auf englisch gegeben. Dies ist für alle Flugzeugbesatzungen von Vorteil, da sie nicht nur die Anweisung für sich, sondern auch für andere Besatzungen zu hören bekommen.

Die Terminologie in Hinsicht auf die unterschiedlichen Bereiche und Funktionen des Flughafens hat sich weitgehend in englischsprachigen Wörter etabliert. „Carrier" ist eine Selbstverständlichkeit für diejenigen, die oft fliegen, für den Erstflieger wäre die „Luftverkehrsgesellschaft" ein besserer Begriff.

Abhängig von der weltweiten Einheitlichkeit der Flugterminologie sind auch die Maße einheitlich. Die Fluggeschwindigkeit wird in Knoten, die Höhe in Fuß und der Abstand in Seemeilen angegeben. Durch die einheitlichen Maße wird natürlich die Sicherheit erhöht.

Im folgenden sind Begriffe alphabetisch aufgelistet, die auf Flugreisen häufig vorkommen und von Nutzen sein können:

| | | |
|---|---|---|
| **Aircraft** | = | Flugzeug |
| **Airport** | = | Flughafen |
| **Altitude** | = | die Höhe über dem Meeresspiegel |
| **APEX** | = | Advanced Purchased Excursion Fare = Abkürzung für Spartarif |
| **Approach** | = | Landeanflug |
| **Arrival** | = | Ankunft |
| **Autopilot** | = | automatische Steuerung des Flugzeuges |
| **Baggage** | = | Fluggepäck |

| | | |
|---|---|---|
| **Boarding** | = | Einsteigen ins Flugzeug |
| **Boarding Card** | = | Bordkarte oder Einsteigekarte (wird beim check-in dem Passagier gegeben) |
| **Briefing** | = | Einsatzbesprechung |
| **Business Class** | = | vordere Abteilung der Kabine, ersetzt bei vielen Gesellschaften die frühere „First class" |
| **Cabin** | = | Kabine oder Passagierraum des Flugzeuges |
| **Cabin Attendant, C.A.** | = | Flugbegleiter/in |
| **Cancellation** | = | Stornierung |
| **Captain** | = | Flugkapitän |
| **Cargo** | = | Fracht |
| **Carrier** | = | Luftverkehrsgesellschaft |
| **CAT** | = | Clear Air Turbulence = Turbulenz in wolkenloser Luft |
| **Catering** | = | Versorgung des Flugzeuges mit Lebensmitteln und Serviceartikeln |
| **Charter-Flug** | = | Sonderflug eines bestimmten Reiseveranstalters |
| **Check-in** | = | Fluggastabfertigung (einchecken) |
| **Cockpit** | = | Arbeitsplatz der Piloten |
| **Co-Pilot** | = | Co-Pilot, zweiter Flugzeugführer |
| **Crew** | = | Flugzeugbesatzung |
| **Customs** | = | Zoll |

| | | |
|---|---|---|
| **Declaration** | = | Anmeldung von den zu verzollenden Waren |
| **De-Icing** | = | Entfernung von Eis (= Waschen des Flugzeuges mit warmem Wasser-Glykol-gemisch) |
| **Delay** | = | Verspätung |
| **Destination** | = | Zielort |
| **Duty Free** | = | zollfrei einkaufen |
| **Economy Class** | = | günstigere Passagier-beförderung im hinteren Teil der Kabine |
| **Emergency Exit** | = | Notausgang |
| **ETA** | = | Estimated Time of Arrival = geschätzte Ankunftszeit |
| **ETD** | = | Estimated Time of Departure = geschätzte Abflugzeit |
| **Exit** | = | Ausgang |
| **FAA** | = | Federal Aviation Administration = Luftfahrtsverwaltung der Vereinigten Staaten |
| **Fasten Seat Belt** | = | bitte anschnallen |
| **First Class** | = | Erste Klasse |
| **Flaps** | = | Landeklappen |
| **Fuel** | = | Treibstoff |
| **Gate** | = | Ausgang vom Flughafen-warteraum zum Flugzeug (mit Nummer oder Buch-staben gekennzeichnet) |
| **GMT** | = | Greenwich Mean Time = auf den 0-Meridian basierende |

Ortszeit. Heutzutage wird der Begriff Universal Time Coordinate (s. UTC) oft anstatt GMT gebraucht. Die Abflugs- und Ankunftszeiten auf den Flugscheinen und Flugplänen werden immer in lokaler Zeit angegeben.

| | | |
|---|---|---|
| **Hand Luggage** | = | Handgepäck (wird an Bord mitgenommen) |
| **Holding** | = | Warteschleife |
| **Horizontal** | = | waagerecht |
| **IATA** | = | International Air Transport Association = Dachorganisation von etwa 200 zivilen Luftverkehrsgesellschaften |
| **ICAO** | = | International Civil Aviation Organization = Internationale Zivilluftfahrtsorganisation |
| **IFR** | = | Instrument Flight Rules = Regeln für Instrumentenflug |
| **ILS** | = | Instrument Landing System = Instrumentenlandesystem |
| **Infant** | = | Kind unter zwei Jahren |
| **IT** | = | Inclusive Tour = touristische Reise, die mit Linienflug durchgeführt wird und Busbeförderung, Hotelbuchung und Besichtigungen einschließt |
| **Jet** | = | Düsenflugzeug |

| | | |
|---|---|---|
| **Jetlag** | = | Befinden nach Flügen über mehrere Zeitzonen, wenn der Tag-Nacht-Rhythmus durcheinander kommt |
| **Jet stream** | = | Starkwindfeld in großer Höhe |
| **Jumbo Jet** | = | Großraumflugzeug (Boeing-747) |
| **Kerosin** | = | Flugzeugtreibstoff |
| **Knot** | = | Knoten oder die Geschwindigkeit, mit der eine Seemeile pro Stunde zurückgelegt wird |
| **Landing** | = | Landung |
| **Landing Gear** | = | Fahrwerke |
| **LBA** | = | Luftfahrt-Bundesamt, deutsche Aufsichtsbehörde für Zivilluftfahrt |
| **Lavatory** | = | Waschraum an Bord |
| **Life West** | = | Schwimmweste |
| **Life West under your Seat** | = | Schwimmweste befindet sich unter Ihrem Sitz |
| **Load Sheet** | = | Ladeliste |
| **Lounge** | = | Aufenthaltsraum für bestimmte Fluggäste |
| **Monitoring Pilot** | = | der Pilot, der das Fluggeschehen überwacht |
| **MPH** | = | miles per hour = Meilen pro Stunde |
| **Navigation** | = | Navigation (Flugzeug führen) |
| **NM** | = | nautical miles = Seemeile (1 Seemeile = 1852 m) |
| **NON-STOP** | = | Flug ohne Zwischenlandung |

| No smoking | = Nicht Rauchen |
| **Occupied** | = Besetzt |
| **Oxygen mask** | = Sauerstoffmaske |
| **Passport Control** | = Reisepaßkontrolle |
| **PAX** | = Abkürzung für Passagier |
| **Piloting Pilot** | = der Pilot, der das Flugzeug führt |
| **Purser** | = Chefsteward/-ess, Vorgesetzte der Kabinenbesatzung |
| **Ramp Area /Apron** | = der Bereich am Flughafen, wo das Flugzeug be- und entladen, getankt und geparkt wird |
| **Rear** | = hinterer Teil des Flugzeuges |
| **Red-Cap** | = Rampangestellte |
| **Reverse** | = Schubumkehr bei Düsenflugzeugen zum Bremsen nach der Landung |
| **Rotate** | = das Hochziehen der Flugzeugnase beim Start |
| **Runway** | = Start-/Landebahn |
| **Seat** | = Sitz |
| **Seat belt** | = Sicherheitsgurt |
| **Security check** | = Sicherheitskontrolle vor dem Einsteigen ins Flugzeug |
| **SIGMET** | = Significant Meteorological Information = wichtige Auskunft über die Wetterbedingungen |
| **Simulator** | = Simulator, Cockpit-Nachbau, in dem die Piloten für verschiedene Flugbedingungen üben |

| | | |
|---|---|---|
| **Slats** | = | Klappen an der Tragflächen-vorderkante |
| **Slide** | = | mit Luft gefüllte Rutschbahn, die auch als Floß funktioniert. Jeder Exit ist für den Notfall mit einer Slide ausgerüstet. |
| **Slot** | = | für einen gewissen Flug zu-geteilter Start-/Landezeit-raum |
| **Speed** | = | Geschwindigkeit |
| **Spoiler** | = | Störklappe (Metallpanel auf der Tragfläche) |
| **Steward/Stewardess** | = | Flugbegleiter/-in |
| **Take off** | = | Start |
| **Take of clearance** | = | Starterlaubnis |
| **Tax-free** | = | zollfrei einkaufen |
| **TCAS** | = | Traffic Alert and Collision Avoidance System = Annäherungswarngeräte |
| **Terminal** | = | Abfertigungsgebäude |
| **Ticket** | = | Flugschein |
| **Touch down** | = | Aufsetzen des Flugzeuges bei der Landung |
| **Tower** | = | Kontrollturm |
| **Transit** | = | Zwischenlandung |
| **Unaccompanied Minor (UM)** | = | Kind ohne Begleitung auf einem Flug |
| **UTC** | = | Universal Time Coordinate, wird anstatt GMT gebraucht |
| **Vacant** | = | frei |
| **Vertikal** | = | senkrecht |

| | | |
|---|---|---|
| **VIP** | = | Very Important Person, eine wichtige Persönlichkeit, die besonderen Service bekommt |
| **Vip lounge** | = | VIP-Aufenthaltsraum |
| **Void** | = | ungültig |
| **Voucher** | = | Gutschein |
| **V.V.** | = | vice versa = hin und zurück (z. B. Hamburg – Zürich – Hamburg) |
| **Waiting list** | = | Warteliste |
| **Weather Forecast** | = | Wettervorhersage |
| **Window** | = | Fenster |
| **Wing** | = | Tragfläche |
| **X-ray** | = | Röntgen (in Zusammenhang mit der Sicherheitskontrolle) |
| **Y/C** | = | Abkürzung für 2. Klasse (Economy Class) |

## Zeitschlüssel

Der Flugzeugpassagier fliegt häufig über mehrere Zeitzonen. Die Zeitverschiebung belastet nicht nur, sie kann auch denjenigen Personen Kopfzerbrechen verursachen, die regelmäßig Medikamente einnehmen müssen (z. B. gegen Diabetes, Hypo- oder Hyperthyreose oder auch Anti-Baby-Pille).

Weil es von großer Bedeutung ist, die Medikamente immer zur gleichen Zeit einzunehmen, ist es ratsam, sich über die neue Lokalzeit schon zu Hause zu informieren und die Einnahmezeiten festzulegen. Die folgende Lokalzeittabelle wird einem Geschäftsmann oder denjenigen Reisenden auch behilflich sein, die zum Beispiel während der Reise mit dem Büro oder den Familienangehörigen telephonieren wollen.

Der Zeitschüssel basiert auf GMT (Greenwich Mean Time). Ein Beispiel: die deutsche Winterzeit = GMT + 1 Stunde, die Sommerzeit = GMT + 2 Stunden.

Die Daten für die Sommerzeit stammen vom Jahr 1995.

| Land/ Gebiet | Unterschied von GMT Winter/Sommer | | Sommerzeit |
|---|---|---|---|
| AFGHANISTAN | +4,30 | | |
| ALBANIEN | +1 | +2 | 26.03.95–23.09.95 |
| ALGERIEN | +1 | | |
| ANDAMAN Inseln | +5.30 | | |
| ANDORRA | +1 | +2 | 26.03.95–23.09.95 |
| ANGOLA | +1 | | |
| ANGUILLA | –4 | | |
| ANTIGUE und BARBUDA | –4 | | |
| ARGENTINIEN | –3 | | |
| ARMENIEN | +4 | | |
| ARUBA | –4 | | |
| ASCENSION Inseln | GMT | | |
| ASSERBAIDSHAN | +4 | | |
| AUSTRALIEN | | | 29.10.95–30.03.96 |
| Austr. Hauptstadt-Territorium | +10 | +11 | |
| Lord Howe Inseln | +10.30 | +11 | |
| New South Wales | +10 | +11 | |
| Nordterritorium | +9.30 | | |

| Land/ Gebiet | Unterschied von GMT Winter/Sommer | Sommerzeit |
|---|---|---|
| Queensland | +10 | |
| Südaustralien | +9.30 | +10.30 |
| Tasmanien | +10 | +11 | 01.10.95–30.03.96 |
| Victoria | +10 | +11 | 29.10.95–30.03.96 |
| Westaustralien | +8 | |
| AZOREN | –1 | GMT | 26.03.95–23.09.95 |
| BAHAMAS | –5 | –4 | 02.04.95–28.10.95 |
| BAHRAIN | +3 | |
| BANGLADESH | +6 | |
| BARBADOS | –4 | |
| BELARUS | +2 | +3 | 26.03.95–23.09.95 |
| BELGIEN | +1 | +2 | 26.03.95–23.09.95 |
| BELIZE | –6 | |
| BENIN | +1 | |
| BERMUDA | –4 | –3 | 02.04.95–28.10.95 |
| BHUTAN | +6 | |
| BOLIVIEN | –4 | |
| BOSNIEN u. HERZEGOVINA | +1 | +2 | 26.03.95–23.09.95 |
| BOTSWANA | +2 | |
| BRASILIEN | | |
| Territorium von Acre | –5 | |
| Mittlere u. nordwestl. Staaten u. westl. Para | –4 | |
| Fernando de Noronha | –2 | |

| Land/ Gebiet | Unterschied von GMT Winter/Sommer | | Sommerzeit |
|---|---|---|---|
| Mato Grosso u. Matto Grosso do Sul | –4 | –3 | 15.10.95–17.02.96 |
| nordöstl. Küstenstaaten u. östl. Para | –3 | | |
| südöstl. Küste, Bahia, Goias u. Brasilien | –3 | –2 | 15.10.95–17.02.96 |
| BRIT. JUNGFERNINSELN | –4 | | |
| BRUNEI | +8 | | |
| BULGARIEN | +2 | +3 | 26.03.95–23.09.95 |
| BURKINA FASO | GMT | | |
| BURUNDI | +2 | | |
| CAYMAN Inseln | -5 | | |
| CHATMAN Inseln | +12.45 | +13.45 | 01.10.95–16.03.96 |
| CHILE | -4 | –3 | 15.10.95–09.03.96 |
| CHINA | +8 | | |
| COCOS Inseln | +6.30 | | |
| COMOREN | +3 | | |
| COOK Inseln | -10 | | |
| COSTA RICA | -6 | | |
| DEUTSCHLAND | +1 | +2 | 26.03.95–23.09.95 |
| DJIBOUTI | +3 | | |
| DOMINICA | -4 | | |
| DOMINIKANISCHE REP. | -4 | | |
| DÄNEMARK | +1 | +2 | 26.03.95–23.09.95 |
| ELFENBEINKÜSTE | GMT | | |
| EL SALVADOR | –6 | | |

| Land/ Gebiet | Unterschied von GMT Winter/Sommer | Sommerzeit |
|---|---|---|
| EQUADOR (außer Galapagos Inseln) | −5 | |
| ERITREA | +3 | |
| ESTLAND | +2 +3 | 26.03.95−23.09.95 |
| FALKLAND Inseln | −4 −3 | 10.09.95−20.04.96 |
| FARÖ Inseln | GMT +1 | 26.03.95−23.09.95 |
| FIDSCHIINSELN | +12 | |
| FINNLAND | +2 +3 | 26.03.95−23.09.95 |
| FRANKREICH | +1 +2 | 26.03.95−23.09.95 |
| FRANZ. ANTILLEN | −4 | |
| FRANZ. GUYANA | −3 | |
| GABON | +1 | |
| GALAPAGOS Inseln | −6 | |
| GAMBIEN | GMT | |
| GAMBIER Inseln | −9 | |
| GEORGIEN | +4 +5 | 26.03.95−23.09.95 |
| GHANA | GMT | |
| GIBRALTAR | +1 +2 | 26.03.95−23.09.95 |
| GRENADA | −4 | |
| GRIECHENLAND | +2 +3 | 26.03.95−23.09.95 |
| GROSSBRITANNIEN u. NORDIRLAND | GMT +1 | 26.03.95−21.10.95 |
| GRÖNLAND | -3 −2 | 26.03.95−23.09.95 |
| Scoresbysund u. Constable Pynt | −1 GMT | 26.03.95−23.09.95 |
| Thule | −4 −3 | 02.04.95−28.10.95 |
| GUADELOUPE | -4 | |

| Land/ Gebiet | Unterschied von GMT Winter/Sommer | | Sommerzeit |
|---|---|---|---|
| GUAM | +10 | | |
| GUATEMALA | –6 | | |
| GUINEA | GMT | | |
| GUINEA BISSAU | GMT | | |
| GUYANA | –4 | | |
| HAITI | –5 | –4 | 02.04.95–28.10.95 |
| HONDURAS | –6 | | |
| HONG KONG | +8 | | |
| ISLAND | GMT | | |
| INDIEN | +5.30 | | |
| INDONESIEN | | | |
| Mittlere Zone | +8 | | |
| Ost-Zone | +9 | | |
| West-Zone | +7 | | |
| IRAN | +3.30 | +4.30 | 21.03.95–21.09.95 |
| IRLAND | GMT | +1 | 26.03.95–21.09.95 |
| ISRAEL | +2 | +3 | 31.03.95–02.09.95 |
| ITALIEN | +1 | +2 | 26.03.95–23.09.95 |
| JAMAICA | –5 | | |
| JAPAN | +9 | | |
| JEMEN | +3 | | |
| JOHNSTON Insel | –10 | | |
| JORDANIEN | +2 | +3 | 07.04.95–14.09.95 |
| JUGOSLAWIEN | +1 | +2 | 26.03.95–23.09.95 |
| JUNGFERNINSELN (USA) | –4 | | |
| KAMBODSCHA | +7 | | |
| KAMERUN | +1 | | |

| Land/ Gebiet | Unterschied von GMT Winter/Sommer | | Sommerzeit |
|---|---|---|---|
| **KANADA** | | | |
| **Atlantische Zeit** | −4 | −3 | 02.04.95–28.10.95 |
| **Ost-Quebec** | −4 | | |
| **Ostzeit** | −5 | −4 | 02.04.95–28.10.95 |
| **Mittlere Zeit** | −6 | −5 | 02.04.95–28.10.95 |
| **Gebirgszeit** | −7 | −6 | 02.04.95–28.10.95 |
| **Pazifische Zeit** | −8 | −7 | 02.04.95–28.10.95 |
| **Neufundländischen Inseln** | −3.30 | −2.30 | 02.04.95–28.10.95 |
| **Saskatchewan** | −6 | | |
| **Einige Städte in Nordöstl. Britisch Columbien u. Alberta** | −7 | | |
| **Westl. Ontario** | −5 | | |
| **Yukon Territorium** | −8 | −7 | 02.04.95–28.10.95 |
| **KANARISCHE INSELN** | GMT | +1 | 26.03.95–23.09.95 |
| **KAPVERDEN** | −1 | | |
| **KAZAKHSTAN** | +6 | +7 | 26.03.95–23.09.95 |
| **KENIA** | +3 | | |
| **KIRGISIEN** | +5 | +6 | 09.04.95–23.09.95 |
| **KIRIBATI** | +12 | | |
| **Kirimati Insel** | −10 | | |
| **Phoenix Inseln** | −11 | | |
| **KOLUMBIEN** | −5 | | |
| **KONGO** | +1 | | |
| **KOREA D.P.R.** | +9 | | |

| Land/ Gebiet | Unterschied von GMT Winter/Sommer | | Sommerzeit |
|---|---|---|---|
| **KOREA Rep.** | +9 | | |
| **KROATIEN** | +1 | +2 | 26.03.95–23.09.95 |
| **KUBA** | –5 | –4 | 02.04.95–07.10.95 |
| **KUWAIT** | +3 | | |
| **KYPROS** | +2 | +3 | 26.03.95–23.09.95 |
| **LAOS P.D.R.** | +7 | | |
| **LEEWARD Inseln** | –4 | | |
| **LESOTHO** | +2 | | |
| **LETTLAND** | +2 | +3 | 26.03.95–23.09.95 |
| **LIBANON** | +2 | +3 | 26.03.95–23.09.95 |
| **LIBERIA** | GMT | | |
| **LIBYEN** | +2 | | |
| **LIECHTENSTEIN** | +1 | +2 | 26.03.95–23.09.95 |
| **LITAUEN** | +2 | +3 | 26.03.95–23.09.95 |
| **LOYALTY Inseln** | +11 | | |
| **LUXEMBOURG** | +1 | +2 | 26.03.95–23.09.95 |
| **MACAO** | +8 | | |
| **MADAGASKAR** | +3 | | |
| **MADEIRA Insel** | GMT | +1 | 26.03.95–23.09.95 |
| **MAKEDONIEN** | +1 | +2 | 26.03.95–23.09.95 |
| **MALAWI** | +2 | | |
| **MALEDIVEN** | +5 | | |
| **MALAYSIA** | +8 | | |
| **MALI** | GMT | | |
| **MALTA** | +1 | +2 | 26.03.95–23.09.95 |
| **MARIANA Inseln** | +10 | | |
| **MAROKKO** | GMT | | |
| **MARQUESAS Inseln** | –9.30 | | |

| Land/ Gebiet | Unterschied von GMT Winter/Sommer | Sommerzeit | |
|---|---|---|---|
| MARSCHALL Inseln | +12 | | |
| MARTINIQUE | –4 | | |
| MAURETANIEN | GMT | | |
| MAURITIUS | +4 | | |
| MAYOTTE | +3 | | |
| MEXICO | | | |
| Allgemein u. | | | |
| Mexico City | –6 | | |
| Baja California | | | |
| Norte | –8 | –7 | 02.04.95–28.10.95 |
| Baja California | | | |
| Sur, Sinaloa, | | | |
| Sonora | –7 | | |
| MICRONESIEN | | | |
| Caroline Inseln | +10 | | |
| Pohnpei u. Kosrae | +11 | | |
| MIDWAY Inseln | –11 | | |
| MITTELAFRIKAN. | | | |
| Rep. | +1 | | |
| MOLDAWIEN | +2 | +3 | 26.03.95–23.09.95 |
| MONACO | +1 | +2 | 26.03.95–23.09.95 |
| MONGOLEI | +8 | +9 | 26.03.95–23.09.95 |
| MONTSERRAT | –4 | | |
| MOSAMBIQUE | +2 | | |
| MYANMAR | +6.30 | | |
| NAMIBIEN | +1 | +2 | 03.09.95–06.04.96 |
| NAURU | +12 | | |
| NEPAL | +5.45 | | |

| Land/ Gebiet | Unterschied von GMT Winter/Sommer | | Sommerzeit |
|---|---|---|---|
| NEUKALEDONIEN | +11 | | |
| NEUSEELAND | +12 | +13 | 01.10.95–16.03.96 |
| NICARAGUA | –6 | | |
| NIEDERLANDE | +1 | +2 | 26.03.95–23.09.95 |
| NIEDERLÄNDISCHE ANTILLEN | –4 | | |
| NIGER | +1 | | |
| NIGERIEN | +1 | | |
| NIUE | –11 | | |
| NORFOLK Insel | +11.30 | | |
| NORWEGEN | +1 | +2 | 26.03.95–23.09.95 |
| OMAN | +4 | | |
| OSTERINSELN | –6 | –5 | 15.10.95–09.03.96 |
| PAKISTAN | +5 | | |
| PALAU | +9 | | |
| PANAMA | –5 | | |
| PAPUA NEU- GUINEA | +10 | | |
| PARAGUAY | –4 | –3 | 01.10.95–24.02.96 |
| PERU | –5 | | |
| PHILIPPINEN | +8 | | |
| POLEN | +1 | +2 | 26.03.95–23.09.95 |
| PORTUGAL | +1 | +2 | 26.03.95–23.09.95 |
| PUERTO RICO | –4 | | |
| QATAR (KATAR) | +3 | | |
| REUNION | +4 | | |
| RUANDA | +2 | | |
| RUMÄNIEN | +2 | +3 | 26.03.95–23.09.95 |

| Land/ Gebiet | Unterschied von GMT Winter/Sommer | | Sommerzeit |
|---|---|---|---|
| **RUSSISCHE FÖDERATION** | | | 26.03.95–23.09.95 |

(Die wichtigste Stadt jeder Zone wurde auch aufgelistet)

| | | | |
|---|---|---|---|
| **Zone 1. Kaliningrad** | +2 | +3 | |
| **Zone 2. Moskau** | +3 | +4 | |
| **Zone 3. Izhevsk** | +4 | +5 | |
| **Zone 4. Perm** | +5 | +6 | |
| **Zone 5. Omsk** | +6 | +7 | |
| **Zone 6. Norilsk** | +7 | +8 | |
| **Zone 7. Bratsk** | +8 | +9 | |
| **Zone 8. Yakutsk** | +9 | +10 | |
| **Zone 9. Vladivo-stock** | +10 | +11 | |
| **Zone 10. Magadan** | +11 | +12 | |
| **Zone 11. Kamchatka** | +12 | +13 | |
| **SALOMON Inseln** | +11 | | |
| **ST. HELENA** | GMT | | |
| **ST. KITTS u. NEVIS** | –4 | | |
| **ST. LUCIA** | –4 | | |
| **St. PIERRE u. MIQUELON** | –3 | –2 | 02.04.95–28.10.95 |
| **ST. VINCENT u. DIE GRENADINEN** | –4 | | |
| **SAMBIA** | +2 | | |
| **SAMOA (Amerikanisch)** | -11 | | |
| **SAMOA** | -11 | | |
| **SAN MARINO** | +1 | +2 | 26.03.95–23.09.95 |

| Land/ Gebiet | Unterschied von GMT Winter/Sommer | | Sommerzeit |
|---|---|---|---|
| SAO TOME u. PRINCIPE | GMT | | |
| SAUDI ARABIEN | +3 | | |
| SCHWEDEN | +1 | +2 | 26.03.95–23.09.95 |
| SCHWEIZ | +1 | +2 | 26.03.95–23.09.95 |
| SENEGAL | GMT | | |
| SEYCHELLEN | +4 | | |
| SIERRA LEONE | GMT | | |
| SINGAPUR | +8 | | |
| SLOWAKEI | +1 | +2 | 26.03.95–23.09.95 |
| SLOWENIEN | +1 | +2 | 26.03.95–23.09.95 |
| SOCIETY Inseln | −10 | | |
| SOMALIA | +3 | | |
| SPANIEN | +1 | +2 | 26.03.95–23.09.95 |
| SPANISCH NORD- AFRIKA | +1 | +2 | 26.03.95–23.09.95 |
| SRI LANKA | +5.30 | | |
| SUDAN | +2 | | |
| SURINAM | −3 | | |
| SWAZILAND | +2 | | |
| SYRIEN | +2 | +3 | 01.04.95–30.09.95 |
| SÜD-AFRIKA | +2 | | |
| TAHITI | −10 | | |
| TAIWAN | +8 | | |
| TADSCHIKISTAN | +5 | | |
| TANSANIA | +3 | | |
| THAILAND | +7 | | |
| TOGO | GMT | | |

| Land/ Gebiet | Unterschied von GMT Winter/Sommer | | Sommerzeit |
|---|---|---|---|
| TONGA | +13 | | |
| TRINIDAD u. | | | |
| TOBAGO | −4 | | |
| TSCHAD | +1 | | |
| TSCHECHISCHE Rep. | +1 | +2 | 26.03.95−23.09.95 |
| TUAMOTU Inseln | −10 | | |
| TUBUAI Inseln | −10 | | |
| TUNESIEN | +1 | | |
| TURKMENISTAN | +5 | | |
| TURKS u. CAICOS | | | |
| Inseln | −5 | −6 | 02.04.95−28.10.95 |
| TUVALU | +12 | | |
| TÜRKEI | +2 | +3 | 26.03.95−23.09.95 |
| UGANDA | +3 | | |
| UKRAINE | | | 26.03.95−23.09.95 |
| Simferopol | +3 | +4 | |
| Allgemein | +2 | +3 | |
| UNGARN | +1 | +2 | 26.03.95−23.09.95 |
| URUGUAY | -3 | | |
| USBEKISTAN | +5 | | |
| VANUATU | +11 | | |
| VENEZUELA | −4 | | |
| VEREINIGTE ARAB. | | | |
| EMIRATE | +4 | | |
| VEREINIGTE | | | |
| STAATEN | | | 02.04.95−28.10.95 |
| Östl. Zeit | −5 | −4 | |
| Indiana (Ost) | −5 | | |

| Land/ Gebiet | Unterschied von GMT Winter/Sommer | | Sommerzeit |
|---|---|---|---|
| Zentrale Zeit | −6 | −5 | |
| Gebirgszeit | −7 | −6 | |
| Arizona | −7 | | |
| Pazifische Zeit | −8 | −7 | |
| Gesamt Alaska mit Ausnahme von Aleut. Inseln | −9 | −8 | |
| Aleut. Inseln westl. von 169.30 ° W | −10 | −9 | |
| Hawaii | −10 | | |
| VIETNAM | +7 | | |
| WAKE Inseln | +12 | | |
| WALLIS u. FUTUNA Ins. | +12 | | |
| WEINACHTS- INSELN (Ind. Ozean) | +7 | | |
| WINDWARD Inseln | −4 | | |
| ZAIRE Kinshasa, Mbandaka | +1 | | |
| Haut-Zaire, Kasai, Kivu u. Shaba | +2 | | |
| ZIMBABWE | +2 | | |
| ÄGYPTEN | +2 | +3 | 28.04.95−28.09.95 |
| ÄQUATORIAL GUINEA | +1 | | |
| ÄTHIOPIEN | +3 | | |
| ÖSTERREICH | +1 | +2 | 26.03.95−23.09.95 |

# Welches Land, welche Fluggesellschaft?

Um welche Fluggesellschaft handelt es sich bei einem Flugzeug, das einen internationalen Flughafen anfliegt und mit den Buchstaben KLM oder PIA gekennzeichnet ist? In welchem Land sind diese Gesellschaften zu Hause?

Wenn Sie den Flug AY802 von Kopenhagen nach New York gebucht haben, woher wissen Sie, welche Fluggesellschaft Sie hinfliegt?

Auf der Mitgliederliste von IATA (International Air Transport Association) stehen 200 Namen (Aktivmitglieder, 03.03.1995). Die folgende Liste gibt Informationen über die IATA-Code jeder einzelnen Mitgliedsgesellschaft und über ihre Nationalität.

| IATA-Code | Name der Fluggesellschaft | Nationalität |
|---|---|---|
| 3D | Palair Macedonian Airlines | Mazedonien |
| 4J | Transaero Airlines | Russische Förderation |
| 5X | United Parcel Service | Vereinigte Staaten |
| 6U | Air Ukraine | Ukraine |
| 7Q | Shorouk Air | Ägypten |
| 7Z | Laker Airways (Bahamas) Ltd. | Bahamas |
| AA | American Airlines Inc. | Vereinigte Staaten |
| AC | Air Canada | Kanada |
| AF | Air France | Frankreich |
| AG | Hunting Cargo Airlines | Großbritannien + Nordirland |
| AH | Air Algérie | Algerien |

| | | |
|---|---|---|
| AI | Air-India | Indien |
| AM | Aerovias de Mexico S.A. de C.V. (Aeromexico) | Mexico |
| AN | Ansett Australia | Australien |
| AO | Aviación y Comercio S.A. (Aviaco) | Spanien |
| AP | Aeromexpress | Mexico |
| AR | Aerolíneas Argentinas S.A. | Argentinien |
| AS | Alaska Airlines Inc. | Vereinigte Staaten |
| AT | Royal Air Maroc | Marokko |
| AV | Aerovias Nacionales de Colombia S.A. (Avianca) | Kolumbien |
| AY | Finnair Oy | Finnland |
| AZ | Alitalia – Linee Aeree Italiane S.p.A. | Italien |
| BA | British Airways p.l.c. | Großbritannien + Nordirland |
| BD | British Midland Airways Ltd. | Großbritannien + Nordirland |
| BG | Biman Bangladesh Airlines | Bangladesh |
| BI | Royal Brunei Airlines | Negara Brunei Darussalam |
| BP | Air Botswana Corporation | Botswana |
| BU | Braathens S.A.F.E. | Norwegen |
| BW | Trinidad & Tobago Airways Corp (BWIA International) | Trinidad |
| CA | Air China International Corp. | China |
| CM | Compania Panamena de Aviación S.A. COPA | Panama |
| CO | Continental Airlines Inc. | Vereinigte Staaten |

| | | |
|---|---|---|
| CP | Canadian Airlines International Ltd. | Kanada |
| CS | Continental Micronesia Inc. | Vereinigte Staaten |
| CU | Empresa Consolidada Cubana de Aviación (CUBANA) | Kuba |
| CW | Air Marshall Islands | Republik Marshall Inseln |
| CX | Cathay Pacific Airways Ltd. | Hong Kong |
| CY | Cyprus Airways Ltd. | Kypros |
| CZ | China Southern Airlines | China |
| DD | Conti-Flug | Deutschland |
| DI | Deutsche BA Luftfahrtgesellschaft mbH | Deutschland |
| DL | Delta Air Lines Inc. | Vereinigte Staaten |
| DM | Maersk Air | Dänemark |
| DT | TAAG – Linhas Aéreas de Angola | Angola |
| DY | Alyemda – Yemen Airlines | Jemen |
| EI | Aer Lingus p.l.c. | Irland |
| EK | Emirates | Vereinigte Arab. Emirate |
| ET | Ethiopian Airlines Corporation | Äthiopien |
| EU | Empresa Ecutoriana de Aviación S.A. (ECUATORIANA) | Equador |
| EY | Société Nouvelle Europe Aero Service | Frankreich |
| FF | Tower Air Inc. | VereinigteStaaten |
| FG | Ariana Afghan Airlines Co. Ltd. | Afghanistan |
| FI | Icelandair | Island |

| | | |
|---|---|---|
| FJ | Air Pacific Ltd. | Fidschiinseln |
| FM | Federal Express Corporation | Vereinigte Staaten |
| FR | Ryanair Ltd. | Irland |
| FU | Air Littoral S.A. | Frankreich |
| FV | Viva Air | Spanien |
| FX | Lufthansa Cargo A.G. | Deutschland |
| GA | Garuda Indonesia | Indonesien |
| GD | Transportes Aereos Ejecutivos S.A. de C.V. (TAESA) | Mexico |
| GF | Gulf Air Company G.S.C. | Bahrain |
| GH | Ghana Airways Corporation | Ghana |
| GM | Trek Airways (Pty) Ltd. d.b.a. Flitestar | Süd-Afrika |
| GN | Air Gabon | Gabon |
| GT | GB Airways | Großbritannien + Nordirland |
| HM | Air Seychelles Ltd. | Seychellen |
| HP | America West Airlines, Inc. | Vereinigte Staaten |
| HV | Transavia Holland B.V. d.b.a. Trans-avia Airlines | Niederlande |
| IA | Iraqi Airways | Irak |
| IB | IBERIA (Líneas Aéreas de Espana S.A.) | Spanien |
| IC | Indian Airlines | Indien |
| IE | Solomon Airlines | Solomon Inseln |
| IG | Meridiana S.p.A. | Italien |
| II | Business Air Ltd. | Großbritannien + Nordirland |
| IJ | TAT European Airlines | Frankreich |
| IR | Iran Air, The Airline of the Islamic Republic of Iran | Iran |

| | | |
|---|---|---|
| IT | Air Inter | Frankreich |
| IW | AOM – Minerve S.A. d.b.a. AOM French Airlines | Frankreich |
| IY | YEMENIA Yemen Airways | Jemen |
| JD | Japan Air System Co. Ltd. | Japan |
| JE | Manx Airlines Ltd. | Großbritannien + Nordirland |
| JL | Japan Airlines Co. Ltd. | Japan |
| JM | Air Jamaica Ltd. | West Indien |
| JP | Adria Airways | Slowenien |
| JU | Jugoslovenski Aerotransport (JAT) | Serbien und Montenegro |
| JY | Jersey European Airways | Großbritannien + Nordirland |
| JZ | Skyways AB | Schweden |
| KA | Hong Kong Dragon Airlines Ltd. (DRAGONAIR) | Hong Kong |
| KE | Korean Air | Korea |
| KL | KLM Royal Dutch Airlines | Niederlande |
| KM | Air Malta Company Ltd. | Malta |
| KQ | Kenya Airways Ltd. | Kenia |
| KU | Kuwait Airways Corporation | Kuwait |
| KZ | Nippon Cargo Airlines (NCA) | Japan |
| L3 | LADECO Cargo | Chile |
| LA | Linea Aérea Nacional – Chile S.A. (LAN-CHILE) | Chile |
| LB | Lloyd Aéreo Boliviano S.A. (LAB) | Bolivien |
| LC | Loganair Ltd. | Großbritannien + Nordirland |
| LG | Luxair | Luxemburg |

| | | |
|---|---|---|
| LH | Deutsche Lufthansa A.G. (LUFTHANSA) | Deutschland |
| LJ | Sierra National Airlines | Sierra Leone |
| LM | ALM – Antillean Airlines | Niederländ. Antillen |
| LN | Jamahiriya Libyan Arab Airlines | Libyen Arab Jamahiriya |
| LO | Polskie Linie Lotnicze (LOT) | Polen |
| LR | Lineas Aereas Costarricenses S.A. (LACSA) | Costa Rica |
| LT | LTU-Lufttransport-Unternehmen GmbH & Co. KG. | Deutschland |
| LX | Crossair | Schweiz |
| LY | El Al Israel Airlines Ltd. | Israel |
| LZ | Balkan Bulgarian Airlines | Bulgarien |
| MA | MALEV – Hungarian Airlines Public Ltd. Company | Ungarn |
| MD | Air Madagascar | Madagaskar |
| ME | Middle East Airlines Airliban (MEA) | Libanon |
| MH | Malaysian Airline System Berhad | Malaysia |
| MK | Air Mauritius | Mauritius |
| MN | Commercial Airways (Pty.) Ltd. (COMAIR) | Südafrika |
| MS | Egyptair | Ägypten |
| MU | China Eastern Airlines | China |
| MX | Compania Mexicana de Aviación S.A.de C.V. | Mexico |
| MZ | Merpati Nusantara Airlines | Indonesien |
| NF | Air Vanuatu | Vanuatu |

| | | |
|---|---|---|
| NG | Lauda Air Luftfahrt AG | Österreich |
| NH | All Nippon Airways CO., Ltd. | Japan |
| NI | Portugalia S.A. | Portugal |
| NN | Air Martinique | Martinique F.W.I. |
| NS | Eurowings AG | Deutschland |
| NW | Northwest Airlines Inc. | Vereinigte Staaten |
| NZ | Air New Zealand Ltd. | Neuseeland |
| OA | Olympic Airways S.A. | Griechenland |
| OK | Ceskoslovenske Aerolinie (CSA) | Tschechische Republik |
| OS | Austrian Airlines | Österreich |
| OU | Croatia Airlines | Kroatien |
| OV | Estonian Air | Estland |
| PH | Polynesian Airlines Ltd. | West-Samoa |
| PK | Pakistan International Airlines Corp.(PIA) | Pakistan |
| PL | Empresa de transporte Aéreo del Perú (AEROPERU) | Peru |
| PR | Philippine Airlines Inc. | Philippinen |
| PS | Air Ukraine International | Ukraine |
| PU | PLUNA - Primeras Líneas Uruguayas de Navegación Aérea | Uruguay |
| PX | Air Niugini | Papua Neu-Guinea |
| PY | Surinam Airways | Surinam |
| PZ | Líneas Aéreas Paraguayas(LAP) | Paraguay |
| QF | Qantas Airways Ltd. | Australien |
| QL | Lesotho Airways Corporation | Lesotho |
| QM | Air Malawi Ltd. | Malawi |
| QY | European Air Transport | Belgien |

| | | |
|---|---|---|
| QZ | Zambia Airways Corporation Ltd. | Sambia |
| R3 | Armenian Airlines | Rep. Armenien |
| RB | Syrian Arab Airlines | Syrien |
| RG | VARIG S.A. (Viacao Aérea Rio-Grandense) | Brasilien |
| RJ | Royal Jordanian (ALIA) | Jordanien |
| RK | Air Afrique | Elfenbeinküste |
| RN | Euralair International | Frankreich |
| RO | Romanian Air Transport S.A. (TAROM) | Rumänien |
| SA | South African Airways (SAA) | Südafrika |
| SB | Air Caledonie International | Neu-Kaledonien |
| SD | Sudan Airways Company Ltd. | Sudan |
| SG | Sempati Air | Indonesien |
| SK | Scandinavian Airlines System (SAS) | Schweden |
| SN | SABENA | Belgien |
| SQ | Singapore Airlines Ltd. | Singapur |
| SR | Swiss Air Transport Co. Ltd. (SWISSAIR) | Schweiz |
| SU | Aeroflot – Russian International Airlines | Russische Föderation |
| SV | Saudi Arabian Airlines Corp. (SAUDIA) | Saudi Arabien |
| SW | Air Namibia | Namibia |
| TA | TACA International Airlines S.A. | El Salvador |
| TC | Air Tanzania Corporation | Tansania |
| TE | Lithuanian Airlines | Lettland |
| TG | Thai Airways International Ltd. | Thailand |

| | | |
|---|---|---|
| TI | Baltic International Airlines | Litauen |
| TK | Turkish Airlines Inc. | Türkei |
| TL | Trans-Mediterranean Airways S.A.L. (TMA) | Libanon |
| TM | LAM – Linhas Aéreas de Mocambique | Mozambique |
| TP | TAP - Air Portugal | Portugal |
| TR | Transbrasil S.A. Linhas Aéreas (TRANS BRASIL) | Brasilien |
| TU | Tunis Air | Tunesien |
| TW | Trans World Airlines Inc. (TWA) | Vereinigte Staaten |
| UA | United Airlines | Vereinigte Staaten |
| UC | LADECO S.A. | Chile |
| UK | Air U.K. Ltd. | Großbritannien + Nordirland |
| UL | AirLanka Ltd. | Sri Lanka |
| UM | Air Zimbabwe Corporation | Zimbabwe |
| US | USAir, Inc. | Vereinigte Staaten |
| UU | Air Austral | Ile de la Reunion |
| UY | Cameroon Airlines | Kamerun |
| VA | Venezolana International de Aviación S.A.(VIASA) | Venezuela |
| VB | Maersk Air Ltd. | Großbritannien + Nordirland |
| VD | Air Liberté S.A. | Frankreich |
| VE | Aerovias Venezolanas S.A. (Avensa) | Venezuela |
| VK | Air Tungaru Corporation | Kiribati |
| VP | Viacao Aérea Sao Paulo S.A. (VASP) | Brasilien |

| VS | Virgin Atlantic Airways | Großbritannien + Nordirland |
|----|------------------------|----------------------------|
| WR | Royal Tongan Airlines | Tonga |
| WT | Nigeria Airways Ltd. | Nigeria |
| WX | CityJet | Irland |
| XK | Compagnie Aérienne Corse Méditerranée | Frankreich |
| ZA | ZAS Airline of Egypt | Ägypten |
| ZC | Royal Swazi National Airways Corp. Ltd. | Swaziland |
| ZL | Affretair (PVT) Ltd. | Zimbabwe |
| ZY | ADA Air | Albanien |

# 5 Seminare gegen die Flugangst

## Was tun die Fluggesellschaften gegen die Flugangst?

Wenn man bedenkt, daß über 30% der Bevölkerung Angst oder Unbehagen im Flugzeug verspürt, muß man davon ausgehen, daß sehr viele Personen ein anderes Verkehrsmittel dem Flugzeug vorziehen. Weltweit betrachtet führt dies zu riesigen finanziellen Verlusten für die Fluggesellschaften, die darüber gut informiert sind und der Situation nicht tatenlos zusehen.

Die Zeit, die die Passagiere an Bord verbringen, wird ihnen möglichst angenehm gestaltet. Die Fluggesellschaften legen viel Wert auf einen guten und reibungslosen Service. Bei der Schulung des Kabinenpersonals betont man ein gepflegtes Äußeres, Freundlichkeit und Hilfsbereitschaft sowie Kenntnisse über Flugangst, erste Hilfe und Maßnahmen im Notfall.

Besonders bedacht ist man auf die Unterhaltung der Passagiere. Speisen und Getränke dienen dazu sowie Zeitungen und Zeitschriften, auf längeren Flügen auch Musikprogramme über Kopfhörer und Filme. Neuere Flugzeugmodelle sind mit Bildschirmen ausgestattet, die den Passagieren permanent Informationen liefern über Flughöhe, Außentemperatur, Geschwindigkeit, Entfernung zum Ziel und Ortszeit. Die Ansagen der Piloten sind besonders wichtig für Passagiere, die Flugangst haben. Wenn man die Piloten bei ihrer Arbeit nicht sehen kann, möchte man sie wenigstens hören. Viele Piloten melden sich bei den Passagieren, indem sie sie auf eine Stadt, die überflogen wird, oder eine schöne Aussicht aufmerksam machen. Die ruhige Stimme aus dem Cockpit beruhigt und läßt wissen, daß alles in Ordnung ist. Besonders wichtig ist die Ansage, wenn etwas Unvorhersehbares passiert, wenn zum Beispiel das Flugzeug von einem Blitz getroffen wird, da dies auch einen sonst nicht ängstlichen Passagier erschrickt, oder wenn das Flugzeug durchstarten muß.

Bei der farblichen Gestaltung der Flugzeugkabine spielt das Wohlbefinden des Kunden die Hauptrolle. Man findet kaum ein Flugzeuginneres mit grellen oder Signalfarben wie rot oder orange; es werden gern sanfte, ruhige Farben ausgesucht.

Da man aber erst einmal den Kunden an Bord gewinnen muß, um ihn dann mit einem guten Service zu verwöhnen, müssen viele für den Flug vorbereitet werden und von der Sicherheit und anderen Vorteilen überzeugt werden. Deshalb veranstalten viele Fluggesellschaften seit Jahren Seminare gegen Flugangst. Die erste weltweite Konferenz für Flugangsttherapeuten verschiedener Fluggesellschaften fand im Februar 1996 in New York statt.

### Inhalt der Seminare

Flugangst kann ein vielseitiges Problem sein. Ihre Wurzeln können in der Kindheit verborgen sein oder in einer schlechten Flugerfahrung, sie kann verknüpft sein mit einer anderen Angst oder mit dem Gefühl der fehlenden Kontrolle – sie kann aber auch mehrere der genannten Gründe haben. Daher wird gegen die Flugangst parallel auf vielen Sektoren gearbeitet. Die neu erworbenen Kenntnisse, Erfahrungen und Fertigkeiten bilden zusammen ein Netz, das erfahrungsgemäß den Menschen später zu tragen vermag.

Die Seminare, die von verschiedenen Fluggesellschaften organisiert werden, tragen mit Sicherheit ihre persönliche Note, haben jedoch auch gewisse Gemeinsamkeiten. Erfahrene Seminarleiter kennen die verschiedensten Varianten und Gründe der Flugangst und haben gelernt, sie in den Griff zu bekommen.

Im folgenden die wichtigsten Bestandteile der Seminare, um die Angst kontrollieren zu können:

*Information.* Die Seminarteilnehmer bekommen psychologische Informationen über die Angstkontrolle, technische Informationen über die Flugzeuge und über die Flugüberwachung, allgemeine Informationen verschiedener Art, sowie „Insider"-Wissen: Während eines Seminars können sie den Tower oder die Wartungshallen besuchen, vielleicht die Gepäckabfertigung oder die Flugvorbereitung beobachten.

*Kognitiver Teil.* Die Seminarteilnehmer lernen, ihre negativen Gedanken in positive umzuwandeln. Dieser Teil basiert auf der Informationsvermittlung: Man kann die eigenen, negativ betonten Annahmen aufgeben und durch positive Gedanken, Fakten und Tatsachen ersetzen.

*Entspannungsübungen.* Sie dienen zur Körperkontrolle und dadurch auch zur Angstkontrolle, da Entspannung uns beruhigt und die negativen Begleiterscheinungen der Angst reduziert oder ganz wegnimmt.

*Systematische Desensibilisierung.* Hierbei handelt es sich um eine therapeutische Methode. Demzufolge wird der angsterzeugenden Situation/dem Objekt in einem entspannten Zustand und in kleinen Schritten begegnet. In der

Praxis bedeutet dies, daß man sich am ersten Seminartag nur einen Videofilm über Flugzeuge anschauen wird. Am zweiten Tag werden Entspannungsübungen im Kabinensimulator geübt. Vielleicht gibt es auch einen Ausflug in die Wartungshalle, wo man mit einem Flugzeug per Du werden kann, ohne daß man befürchten muß, daß es gleich davonfliegt.

Erst am dritten Seminartag (bei manchen Fluggesellschaften dauert das Seminar nur zwei Tage) beginnt die Praxis: Es wird in Anwesenheit der Seminarleitung richtig geflogen und im Cockpit sitzt ein Kapitän, den man bereits vorher kennengelernt hat.

*Die Gruppe.* Für die meisten Seminarteilnehmer spielt es eine wichtige Rolle, einmal „im selben Boot" mit Menschen zu sein, die genauso fühlen wie sie selbst. Es entwickelt sich ein starkes Zusammengehörigkeitsgefühl, das nicht zu unterschätzen ist. Hat einer der Seminarteilnehmer immer noch Zweifel und Angst, so vermag die Gruppe ihn in vielen Fällen davon zu überzeugen, daß er jetzt fliegen muß: Wenn jetzt nicht, wann dann? Später wird es wohl kaum einen Flug geben, für den man so gründlich vorbereitet wird wie für den Seminarflug.

Das Grundproblem vieler Teilnehmer kann auch mit der Gruppe geübt und überwunden werden: sich anderen anvertrauen. Dazu gibt es viele geeignete Übungen während des Seminars.

*Der Flug.* Der Seminarflug wird in der Regel sehr positiv empfunden. Dies bildet eine Grundlage, auf der man bauen kann. Auch hier geht es wieder um Lernen: Man kann es auch ohne Unterstützung der Gruppe schaffen, sich auf späteren Flügen gedanklich in die erfolgreiche Flugerfahrung hineinzuversetzen. In der Regel haben die Seminarteilnehmer die Möglichkeit, das Cockpit während des Seminarfluges zu besuchen oder sogar beim Start oder der Landung im Cockpit dabeizusein.

Ein erfolgreiches Seminarprogramm enthält viele spezielle Elemente aus dem Bereich der Verkehrsluftfahrt (Kabinensimulator, eventuell Flugsimulatoren, Flugzeuge, Wartungshallen, ATC und vieles andere mehr). Daher ist es nur mit Unterstützung einer Fluggesellschaft sinnvoll, ein Flugangstseminar zu organisieren. Ohne das flugtechnische Material und die notwendigen Geräte bleibt ein sehr wichtiger Teilbereich der Angst unbehandelt.

*Kontaktanschriften für Flugangstseminare im deutschsprachigen Europa*
Deutschland: Agentur Silvia Texter, Hohenstaufenstr. 1,
 D-80801 München, Tel. (089) 391739
Österreich: Austrian Airlines, Fontanastr. 1, A-1107 Wien
 Information: Dr. Robert Wolfger, Tel. (1)-17 66 23 10
 Anmeldungen: Frau Birgit Kugler, Tel. (1)-17 66 23 01
Schweiz: Swissair VGK, Postfach, 8058 Zürich Flughafen
 Frau Ilse Hauser, Tel. (01) 8 28 12 40

### Erfahrungen eines Seminarteilnehmers

Ein 39jähriger Geschäftsführer erzählt im Folgenden seine Geschichte: „Ich hatte schon als Schüler häufig die Gelegenheit, ins Ausland zu fliegen, da ich Sport trieb. Unsere Mannschaftsreisen gingen oft nach Ost-Europa, meistens auch mit der Fluggesellschaft des betreffenden Landes. Schon damals genoß ich das Fliegen sehr, unabhängig davon, mit welchem Flugzeugtyp geflogen wurde oder welche Fluggesellschaft uns flog. Ich hatte großes Interesse an Flugzeugen und freute mich, daß ich mit so vielen verschiedenen Flugzeugtypen fliegen konnte.

Als ich mit meinem kaufmännischen Studium fertig war, bekam ich fast umgehend eine Stelle im Exporthandel. Die Flüge vermehrten sich: fast zehn Jahre lang war ich ständig in Europa und Nord-Amerika unterwegs. Für mich war das Flugzeug das wichtigste Verkehrsmittel – und in meinem Beruf auch das einzig mögliche. Ich konnte mich im Flugzeug gut entspannen und konnte auch schlafen, wenn ich von einem Kontinent zum anderen flog. Häufig arbeitete ich auch im Flugzeug: lange Flüge eigneten sich gut dafür, einen Rapport zu schreiben. Ich mußte mir niemals Mut antrinken - ich genoß ja das Fliegen. Ich habe sogar schriftlich festgehalten, mit wievielen Flugzeugtypen ich geflogen war, und wieviele Fluggesellschaften mich befördert hatten.

Weil ich so oft flog, flog ich natürlich unter den verschiedensten Flugbedingungen - bei Sturm, Regen und Schneegestöber, aber die wetterabhängigen Unannehmlichkeiten änderten meine Einstellung zum Fliegen nicht. Ich hatte großes Vertrauen in die Technik, die Piloten und die Fluglotsen.

Ende Januar 1990, als ich von Orlando, Florida, zurück nach New York flog, änderte sich mein Leben und meine Einstellung zum Fliegen grundlegend.

Nach zwei Flugstunden waren drei Klangsignale zu hören. Die Flugbegleiterinnen gingen ins Cockpit. Als sie zurückkamen, waren sie deutlich besorgt. Der Kapitän machte eine Ansage: Die Hydraulik funktionierte nicht richtig und das Reservesystem hatte einen Fehler. In Atlanta herrschte wunderbares Wetter, deshalb wurde der dortige Flughafen als Landeplatz gewählt. Die Notlandung sollte nach 35 Minuten sein, mit den Vorbereitungen wurde sofort begonnen. Wir flogen mit einer Boeing-727 und jeder Sitzplatz war belegt.

Zum Glück saß ich neben einem Exit (Ausgang). Das Öffnen dieses Exits sollte ich nach der Landung übernehmen, deshalb bekam ich eine Anweisung, wie er bedient wird. So mußte ich Verantwortung tragen und fühlte mich nützlich. Ich hatte keine Zeit, an meine Lebenssituation oder an meine sonstigen Gefühle zu denken.

Je näher der Zeitpunkt der Notlandung kam, umso unruhiger wurden die Passagiere. Die letzten fünf Minuten waren sehr schlimm, voll von Angst und Leid. Die Kinder schrieen, die Erwachsenen weinten. Trotzdem bekam ich von irgendwoher noch Kraft und glaubte, daß alles gut enden würde.

Als wir oberhalb des Flughafens waren, sahen wir die Feuerwehr- und Krankenwagen, die auf uns warteten. Wir landeten mit einem sehr harten Stoß – jedoch ohne Schaden. Obwohl niemand verletzt war, herrschte ein totales Durcheinander. Die Flugbegleiterinnen weinten vor Freude. Der Kapitän rief seine Ansage sehr dramatisch ins Mikrofon: „We did it!" (Wir haben es geschafft!)

Das Flugzeug wurde in Atlanta gewartet und instandgesetzt, und wir flogen weiter nach New York. Als ich später zu Hause ankam, konnte ich bei mir keine besonderen Leiden oder Belastungen beobachten.

Nach diesem Notfall flog ich eine Zeitlang ganz normal. Je mehr ich jedoch flog, desto öfter und bedrückender kamen mir die Amerika-Erfahrungen in den Sinn. Die

Situation wurde schlimmer. Schon bald ertappte ich mich dabei, mir schon vor dem Flug Notfall- und Gefahrensituationen vorzustellen. Ich bekam Angst vor dem Fliegen. Ich versuchte, das Fliegen so weit wie möglich zu vermeiden, verschob meine Flüge und lud immer öfter die Kundschaft zu mir. Es wurde mir klar, daß die Flugangst meine Arbeit bedeutend störte und erschwerte. Ich litt, als ich mich ins Flugzeug zwingen mußte. Ich mußte mir Mut antrinken. Ich war in der Klemme.

Als ich einen Artikel über die Flugangstseminare las, die in meinem Land von einer Fluggesellschaft organisiert werden, meldete ich mich sofort an. Ich erwartete von dem Seminar keine psychologische Zauberei, sondern hoffte, daß ich durch Information und Fakten Hilfe bekommen würde. Ich erhoffte auch, mit der Flugangst per Du zu werden, daß ich lernen würde, meine Angst zu kontrollieren.

Ich wurde nicht enttäuscht. Ich bekam technische Informationen und Fakten, ich konnte diese wunderbaren Geräte, die durch die Lüfte fliegen, kennenlernen, ich konnte sie in Ruhe berühren und einen Simulatorflug erleben. Das wichtigste für mich war jedoch, daß ich im Seminar Piloten kennengelernt habe. Ich stellte fest, daß sie Spitzenkönner sind, daß man sich ihnen anvertrauen kann, daß sie jedoch auch ganz gewöhnliche Menschen sind. Die zweite sehr bedeutende Fertigkeit, die ich im Seminar gelernt habe, war die Entspannung – es wurde mir möglich, die Angstgefühle mit Entspannung, Konzentration und richtiger Atmung zu kontrollieren. In der Tat: Erst mit 38 Jahren habe ich atmen gelernt!

Ich kann ein Flugangstseminar wirklich empfehlen, ich habe dort mein Problem in den Griff bekommen.

Seit dem Seminar sind jetzt vier Jahre vergangen. Beruflich bin ich wieder ein „Vielflieger" geworden. Mit den Methoden, die ich damals gelernt habe, konnte ich viele überraschende Situationen kontrollieren und fliege ohne beklemmende Ängste. Zwar beobachte ich die Geräusche und auch andere Tätigkeiten beim Fliegen, aber heute nicht mehr aus einer ängstlichen Perspektive. Eher stelle ich fest, daß in dieser oder jener Flugphase eine gewisse Funktion oder Tätigkeit aktuell ist. Ich bin voll überzeugt, daß die verschiedenen Berufsgruppen wie zum Beispiel Piloten, Fluglotsen und Mechaniker ihre Aufgaben lückenlos erfüllen, so daß das Ganze optimal funktioniert.

Heute bin ich wählerisch hinsichtlich der Fluggesellschaft, ich suche mir immer diejenigen aus, denen ich vertraue. Außerdem kümmere ich mich um mich selbst: vor dem Flug achte ich auf genügend Schlaf und Ruhe und kümmere mich rechtzeitig um die Reisevorbereitungen."

### Guten Flug!

Für Menschen von heute ist es typisch, am heutigen Tag vorbeizueilen: Sie schmieden Pläne, was sie im Urlaub unternehmen, was nächste Woche oder nächstes Jahr sein wird, oder wenn die Kinder groß sind. Nur wenige können wirklich in der Gegenwart leben und das Beste daraus machen. Auch der Urlauber eilt ins Ziel – und sitzt nervös und unruhig im Flugzeug. Dabei wäre es wichtig und schön, jeden Moment auch während der Reise, oder hier und jetzt, voll zu erleben und vielleicht sogar zu genießen und nicht in einem selbstgeschaffenen Gefängnis zu sitzen, den Schlüssel in der eigenen Tasche.

Es gibt viele Dinge, die den Flugzeugpassagier beunruhigen können, vieles, was er nicht beeinflussen, sondern einfach akzeptieren muß. Die technische Beschaffung, das Führen des Flugzeuges, die Kondition der Besatzung, das Wetter – das sind alles Dinge, für die andere Leute, die Spezialisten, Sorge tragen müssen. Sie sind darauf geschult und werden dafür bezahlt. Andererseits gibt es vieles, was der Passagier tun kann, um sich wohlzufühlen. Gute Kondition, angenehm lockere Kleidung, Vermeidung von Streß und Eile – das sind alles Dinge, die man selbst beeinflussen kann und soll. Die Gedanken kann man auch beeinflussen und sich daran erinnern, daß nicht jede dunkle Wolke ein Unwetter erzeugt. So ist es ja auch im menschlichen Leben. Wir alle begegnen mal dunklen Wolken, Schwierigkeiten oder Krisen, bei denen es sich aber nicht immer nur um Schicksalsschläge handelt. Häufig beinhalten diese Schwierigkeiten die Möglichkeit in sich, das Leben neu zu bewerten und neu zu gestalten und sich aus der alten Spur herauszukurbeln. Unsere Ängste und Schwierigkeiten können uns zum Wendepunkt unseres Lebens führen, und wenn wir sie besiegt haben, haben wir viele neue Kräfte und Erfahrungen gesammelt, die wir in Zukunft sehr wohl einzusetzen wissen. Jede Krise bedeutet auch Wachstum und Lernen, und die Angst vermag uns unsere Menschlichkeit und Sensibilität offenbaren – die schönen und wertvollen Seiten in uns.

Eine Seminarteilnehmerin hat mir über ihre Flugerfahrungen nach dem Seminar geschrieben:

„Plötzlich bemerke ich, daß das Flugzeug schon fliegt, und ich habe nicht einmal den Start bemerkt! Ich, die vorher immer fast in Panik geriet, als wir vom Boden abhoben! Freude sprudelt in mir, ich habe die Angst besiegt! Ich habe es geschafft! Ich möchte die ganze Welt umarmen. Und dabei hatte ich gedacht, daß man in den mittleren Jahren so viel Neues nicht mehr lernen kann. Aber ich kann und darf mich noch ändern, entwickeln und lernen! In diesem Alter tritt das Leben doch nicht auf der Stelle. Es ist so unglaublich, vorher hatte ich gedacht, eine Tür wäre hinter mir fest verschlossen, da kann ich nicht mehr hinein, und dabei finde ich eine neue offene Tür vor mir, von der ich bisher nichts geahnt hatte.

Als die Flugbegleiterin fragt, ob ich etwas trinken möchte, bestelle ich Champagner. Nicht, weil ich mich betrinken müßte, sondern ausdrücklich deshalb, weil ich jetzt frei wählen kann.“

# ANHANG

## Einige Modellantworten/Aufgabe Seite 66

Folgende Entscheidungen und Maßnahmen gehören zum Bereich der eigenen Kontrolle:

| | |
|---|---|
| Die Reisevorbereitung: | Wahl der Fluggesellschaft<br>rechtzeitig packen<br>rechtzeitig zum Flughafen<br>lieber Bus oder Taxi als eigenes<br>Auto fahren<br>wenig Handgepäck<br>Zeitvertreib für den Flug<br>bequeme Kleidung |
| Eigene Kondition: | Gesundheit? Nasen- oder<br>Ohrentropfen? Arztbesuch?<br>Ausgeschlafen?<br>leichte Mahlzeit vor dem Flug<br>Keinen Kater! |
| Im Flugzeug: | Sicherheitsvorschriften beachten<br>Sitzgurt anlegen<br>Lage des nächsten Exits<br>(Ausgangs) feststellen<br>Wasser, Tee, Saft trinken<br>Alkohol vermeiden |

*Sich den Spezialisten anvertrauen können*
- Zustand des Flugzeuges (technische Beschaffenheit, Tanken, De-Icing)
- Kondition der Piloten
- Führen des Flugzeuges
- Landung bei Schlechtwetter
- Turbulenz
- Aufgaben der Fluglotsen / der gesamte Flugverkehr

## Die häufigsten Flugzeugtypen der Gegenwart

BRITISH AEROSPACE
Technische Daten:
BAe 146 („Jumbolino")
Flügelspannweite: 26,33 m

Länge: 28,60 m
Max. Reisegeschwindigkeit: 780 km/h
Sitzplatzkapazität: 97–111
Max. Flughöhe: 9400 m

FOKKER  
Technische Daten:  
Fokker 70  
Flügelspannweite: 28,076 m

Länge: 30,9 m  
Max. Reisegeschwindigkeit: 856 km/h  
Sitzplatzkapazität: 80  
Max. Flughöhe: 10 700 m

AIRBUS
Technische Daten: Airbus A 310
Flügelspannweite: 43,90 m
Länge: 46,67 m

Max. Reisegeschwindigkeit: 860 km/h
Sitzplatzkapazität: 169
(A310-300) oder 264 (A 310-200)
Max. Flughöhe: 12 500 m

Technische Daten: Airbus A 320
Flügelspannweite: 34,10 m
Länge: 37,57 m

Max. Reisegeschwindigkeit: 840 km/h
Sitzplatzkapzität: 134–144
Max. Flughöhe: 11 900 m

Technische Daten: Airbus A 321  Max. Reisegeschwindigkeit: 830 km/h
Flügelspannweite: 34,10 m  Sitzplatzkapazität: 182
Länge: 44,51 m  Max. Flughöhe: 11 950 m

Technische Daten: Airbus A 340  Max. Reisegeschwindigkeit: 902 km/h
Flügelspannweite: 60,3 m  Sitzplatzkapazität: 263
Länge: 59,39 m  Max. Flughöhe: 12 500 m

**214**

McDONNELL DOUGLAS
Technische Daten: MD-80 Serie
Flügelspannweite: 32,9 m
Länge: 39,75–45,1 m

Max. Reisegeschwindigkeit: 825–918 km/h
Sitzplatzkapazität: 111–156
Max. Flughöhe: 11 300 m

Technische Daten: MD-11
Flügelspannweite: 51,7 m
Länge: 61,2 m

Max. Reisegeschwindigkeit: 910 km/h
Sitzplatzkapazität: 318–400
Max. Flughöhe: 13 100 m

BOEING
Technische Daten: Boeing 747
Flügelspannweite: 64,44 m
Länge: 70,66 m

Max. Reisegeschwindigkeit: 920 km/h
Sitzplatzkapazität: 388 bis über 600
Max. Flughöhe: 13 700 m

## Register (mit der Seitenangabe, wo der Begriff im Text zu finden ist)

| | | |
|---|---|---|
| Autopilot | = | (s. 139) |
| Aviaphobie | = | Angst vor dem Fliegen |
| Aviatik | = | Flugtechnik |
| | | |
| Bathophobie | = | Angst vor der Tiefe |
| Betablocker | = | (s. 82) |
| Blitze | = | (s. 75) |
| brace position | = | (s. 89) |
| | | |
| Circulus vitiosus | = | Teufelskreis (s. 8) |
| CAT | = | clear air turbulence (s. 75) |
| Climacophobie | = | Angst vor Aufzügen, Treppen, Rolltreppen |
| | | |
| Demophobie | = | Angst vor Menschenansammlungen (s. 79) |
| Destination | = | Reiseziel |
| digital | = | in Ziffern dargestellt |
| Distress | = | negativer Streß (s. 23) |
| Druckverhältnisse | = | (s. 48, 68) |
| Druckverlust | = | (s. 71) |
| Druckveränderung | = | (s. 68–69) |
| Durchstarten | = | (s. 51, 153) |
| | | |
| Emetophobie | = | Angst vor dem Erbrechen (s. 16) |
| Enteisung | = | (s. 76) |
| ergonomisch | = | optimale Arbeitsgeräte und -bedingungen |

| | | |
|---|---|---|
| Faradayscher Käfig | = | (von: Faraday, Michael, 1791–1867, engl. Physiker) metallene Umhüllung zur Abschirmung eines bestimmten Raumes gegen äußere elektrische Felder und zum Schutz für empfindliche Meßgeräte (s. 75) |
| Frustration | = | Enttäuschung durch erzwungenen Verzicht oder Versagung von Befriedigung oder Erreichen eines Ziels (s. 23) |
| | | |
| Geburt | = | (s. 66–67) |
| Generalisierung | = | Bezeichnung für einen Denkprozeß, in dessen Verlauf ein Urteil in bezug auf eine ganze Klasse von Gegenständen oder Vorgängen aufgrund von einigen wenigen Fällen gefällt wird./generalisieren = übertragen, verallgemeinern (s. 21, 37) |
| Gephyrophobie | = | Angst vor Brücken |
| Gewitter | = | (s. 75) |
| | | |
| Hilfsturbine (APU) | = | (s. 116, 146, 148) |
| Hydraulik | = | Lehre von den Bewegungsgesetzen für Flüssigkeiten/ hydraulisch = mit Flüssigkeitskraft |

| | | |
|---|---|---|
| Hyperventilation | = | Überatmung (s. 10) |
| induzieren | = | allgemeine Regeln aus Einzelfällen herleiten |
| isometrische Übungen | = | Anspannen der Muskulatur ohne Bewegung in den Gelenken (s. 86) |
| Jetlag | = | (s. 56) |
| Jetstream | = | (s. 74) |
| Klaustrophobie | = | Angst vor geschlossenen Räumen (s. 9, 77) |
| Klimawechsel | = | (s. 56) |
| kohlensäurehaltige Getränke | = | (s. 70) |
| Kontraktion | = | Zusammenziehung von Muskeln |
| Kontrollverlust | = | (s. 60) |
| Lalophobie | = | Angst vor dem Sprechen |
| Mannstunde | = | (s. 44) |
| Medikamente | = | (s. 82) |
| Motivation | = | Bezeichnung für Variablen, die das Verhalten hinsichtlich Intensität und Richtung beeinflussen; die Beweggründe, die das Handeln eines Menschen bestimmen/ motivieren = begründen, anregen, anspornen |

| | | |
|---|---|---|
| Navigation | = | Orts- und Kursbestimmung von Flugzeugen/navigieren = Flugzeug führen |
| Nikotin | = | (s. 69) |
| Panik | = | Bezeichnung für (1) abrupt auftretende Furchtzustände eines Individuums oder für (2) ein als Massenerscheinung durch planlose Flucht gekennzeichnetes Verhalten größerer Menschenansammlungen (s. 119) |
| Parasympathisches Nervensystem | = | Bezeichnung für einen Teil des autonomen Nervensystems, der besonders an Zuständen der Entspannung beteiligt ist. Sein wichtigster Nerv ist der Nervus vagus. (s. 2) |
| Phobie | = | Bezeichnung für abnorme, unkontrollierbare Furcht vor Objekten oder Situationen |
| Phobophobie | = | Angst vor der Angst (s. 80) |
| Phonophobie | = | Angst vor dem (lauten) Sprechen (s. 18) |
| Physiologie | = | Lehre von den körperlichen Vorgängen |
| Pneumatik | = | Lehre von den Luftvorgängen /pneumatisch = mit Luftdruck |
| Psychedelika | = | Rauschmittel, die einen euphorischen, tranceartigen Gemütszustand hervorrufen (s. 11) |

| | | |
|---|---|---|
| Reisestreß | = | (s. 55) |
| Reisevorbereitung | = | (s. 58) |
| | | |
| Sauerstoffgeräte | = | (s. 71) |
| Schallgeschwindigkeit | = | (s. 150) |
| Schub | = | Schiebekraft (s. 128) |
| Schwindel | = | (s. 14) |
| Sensibilität | = | allgemeine Bezeichnung für die Empfindlichkeit bzw. Empfänglichkeit Reizen gegenüber/sensibel = reizempfindlich, feinfühlig/ sensibilisieren = empfindlich(er) machen |
| signifikant | = | bedeutend |
| Slotzeiten | = | (s. 147) |
| Soma | = | Körper/somatisch = körperlich |
| Start-up | = | (s. 147) |
| Stimulus | = | Reiz, Antrieb |
| Streß | = | starke körperliche und seelische Belastung (s. 21, 53) |
| sympathisches Nervensystem | = | Bezeichnung für einen Teil des autonomen Nervensystems, der im wesentlichen aus den Ganglien neben der Wirbelsäule besteht und in Zuständen gesteigerter Aktivität wirksam wird (s. 2, 82) |

| | | |
|---|---|---|
| Symptom | = | Anzeichen, Merkmal, Krankheitszeichen/symptomatisch = bezeichnend |
| | | |
| Temperatur | = | (s. 56) |
| Thanatophobie | = | Angst vor dem Tod (s. 80) |
| Thrombose | = | Verstopfung von Blutgefäßen durch Blutgerinnsel (s. 13) |
| toxisch | = | giftig |
| Traumatophobie | = | Angst vor dem Verletztwerden |
| Turbulenz | = | Auftreten von Wirbeln im Luftstrom (s. 73) |
| | | |
| Umkehrschub | = | (s. 153) |
| | | |
| Warteschleife | = | (s. 155–156) |
| Wetterradar | = | (s. 72) |
| | | |
| Wettervorhersage | = | (s. 72) |
| Widerstand | = | hemmende Gegenkraft (s. 128–130) |
| Xenophobie | = | Angst vor fremden Personen (s. 79) |
| | | |
| zentrales Nervensystem | = | Bezeichnung für Gehirn und Rückenmark (s. 2) |

# Literatur

Aircraft Maintenance Manual AB3/DC10/DC9, FIN-NAIR 1991

Airway Manual Services + Flight Information, Jeppesen & CO. GmbH, Frankfurt, 1995

Allensbacher berichte 1995/Nr.5, Institut für Demoskopie Allensbach, 78472 Allensbach am Bodensee

APA Journal, Touristik 26, 1992

Barlow, David H. and Cerny, Jerome A.: Psychological Treatment of Panic, The Guilford Press, New York, London 1988

Bernstein, Douglas A./Borkovec, Thomas D.: Entspannungs-Training, Handbuch der progressiven Muskelentspannung, Leben Lernen 16, Pfeiffer, München 1990

Birbaumer, N.: Neuropsychologie der Angst, Fortschritte der Klinischen Psychologie 3, Urban & Schwarzenberg, München 1973

Cabin Safety Manual, FINNAIR

Cummings, T. W. Captain and White, Robert: Freedom from Fear of Flying, Pocket Books, New York 1987

DeHart, Roy L.: Fundamentals of Aerospace Medicine, Lea & Febiger, Philadelphia 1985

Ernsting, John und King, Peter: Aviation Medicine, 2nd Edition, Butterworths, London 1988

Fuller, Ray, Johnston, Neil, McDonald, Nick (ed.): Human Factors in Aviation Operations, Avebury Aviation, Aldershot 1995, Proceedings of the 21st Conference of the European Association for Aviation Psychology

Gazette, Swissair, 6/92, Swissair AG, Zürich, Switzerland

Greist, John H., M. D. and Greist, Georgia L.: Fearless Flying, a passenger guide to modern airline travel, Nelson Hall, Chicago 1981

Gunn, W. H., Ph. D., Captain TWA: The Joy of Flying: Overcoming the Fear, Wings Publications, Kansas USA 1989

Hutchins, Ken: Learning to Fly without Fear, Berkley Books, New York 1990

ICAO News Release PIO 2/96: Safetey and Security Statistics for Air Carrier Operations, ICAO France

Johnston, Neil, McDonald, Nick, Fuller, Ray (ed.): Aviation Psychology in Practice, Avebury Technical, Aldershot 1994

Jokinen, Paula: Untersuchung über Bedingungen von Flugangst, Freie wissenschaftliche Arbeit zur Erlangung des Grades eines Diplom-Psychologen, Freie Universität Berlin, 1978

Krohne, H. W.: Theorien zur Angst, W. Kohlhammer, Stuttgart, Berlin, Köln, Mainz 1976

Lazarus, Arnold & Fay, Allen: Ich kann, wenn ich will, dtv Klett-Cotta, München 1985

Luftfahrt, Aviation International 10/1992 Oktober, ADV-Mediendienste Verlag GmbH, Augsburg

van der Meer, Gunilla: Gender Differences in Fear of Flying: A Study of civil airline passengers, Vortrag am 31. 03. 1994, Weaap 21st Conference Dublin 1994

Vester, Frederic: Phänomen Streß. Wo liegt sein Ursprung, warum ist er lebenswichtig, wodurch ist er entartet? dtv Sachbuch, Deutsche Verlags-Anstalt, Stuttgart 1976

Ogilvy, David: UK Airspace, Is it safe? Foulis, Sparkford 1989, Haynes Publishing Group

Palo, Jorma: Halpa mainen henki, Helsingin Sanomat, Kuukausiliite, Helsinki 1995

Perry, Nancy J.: How to conquer Frear of Flying, in Fortune, 18. Oktober 1993

Psychologie Heute, Januar 1992 Heft 1, Julius Beltz GmbH & Co. KG Weinheim

Rachman, S.: Angst, Formen, Ursachen und Therapie, Urban & Schwarzenberg, München – Berlin – Wien 1975

Seligman, M. E. P.: Erlernte Hilflosigkeit, Psychologie Verlags Union, Weinheim 1992

Selye, Hans: Streß. Piper, München 1981

Sternstein, Ed and Gold, Todd: From Takeoff to Landing, Everything you wanted to know about airplanes but had no one to ask, Pocket Books, a division of Simon & Schuster Inc., New York 1991

Therapia Fennica, 7. laitos, toim. Markku Luukkanen, Ari Ristimäki, Kandidaattikustannus OY, Lääketieteen-kandidaattiseura RY, Forssa 1991

Vapaavuori, E.-Sorsa, M.-Nurmi, L.-Kuronen, P.: Lentävä ihminen, Ilmailufysiologian ja -psykologian oppikirja, Valtion painatuskeskus, Helsinki 1992

Ziegler, Victor W.: Freude am Fliegen, So bekämpfen Sie Ihre Flugangst, Orac/Pietsch, Wien 1983

Yaffé, Maurice: Taking the Fear out of Flying, A Graham Tarrant Book, David & Charles, London 1987

Die Autorin: (Photo)
Paula Kinnunen, Diplom-Psychologin
Psychologiestudium an der Westfälischen-Wilhelms-Universität Münster (Vor-Diplom) und an der Freien Universität Berlin (Diplomprüfung). Trainerin von Flugangstseminaren von zwei internationalen Fluggesellschaften.
Lehrauftrag an der Universität Joensuu in Finnland.

Deutsche Bearbeitung:
Dr. Ulrich Arendt (Photo)
Flugkapitän a. D., Flugmedizin, Fluglehrer für Privatpiloten, Berufspiloten, Ausbildung im Instrumentenflug
Studium der Medizin in Göttingen und Hannover
Ausbildung als Arzt an der Freien Universität Berlin

Eine **Audiokassette mit dem Entspannungstraining** kann zum Preis von 20,– DM zuzüglich der Versandkosten bei der Autorin bestellt werden:

Paula Kinnunen
Urdorferstraße 6
CH-8142 Uitikon Waldegg